Le droit de la copropriété

Les assemblées de copropriétaires

Collection La Justice au quotidien
fondée et dirigée par Jean-Paul Céré

Maître de Conférences à l'Université de Pau et des Pays de l'Adour

*La collection **LA JUSTICE AU QUOTIDIEN** a pour objectif de rendre le droit accessible à tous, aux professionnels comme aux particuliers. Elle se destine à la publication d'ouvrages, rédigés par des spécialistes reconnus, permettant de présenter de manière fonctionnelle et complète le système de justice actuel et de proposer des solutions aux problèmes juridiques de la vie courante.*

Dans la même collection :

1. **Le permis à points** (J.P. Céré)
2. **Le droit de l'affichage** (P. Zavoli)
3. **La médiation pénale** (P. Mbanzoulou)
4. **La responsabilité des constructeurs** (S. Bertolaso et E. Ménard)
5. **Le contrôle fiscal des particuliers** (E. Péchillon)
6. **Les référés d'urgence devant le juge administratif** (J. Gourdou et A. Bourrel)
7. **La responsabilité des services de police et de secours** (X. Latour)
8. **Le procureur de la République** (J.C. Dintilhac)
9. **Les surveillants de prison** (J.C. Froment)
10. **Le droit des peines** (G. Lorho et P. Pélissier)
11. **Les droits des mères. Vol. 1** (S. Gamelin-Lavois et M. Herzog-Evans)
12. **Les droits des mères. Vol. 2** (S. Gamelin-Lavois et M. Herzog-Evans)
13. **L'expropriation pour cause d'utilité publique** (G. Ganez-Lopez)
14. **Le droit de grève** (F. Chopin)
15. **Les PV de stationnement** (J.P. Céré)
16. **Les droits de l'acquéreur d'un bien immobilier** (F. Cohey-Cordey)
17. **Election et modes de scrutins** (B. Pauvert)
18. **Les locations en meublée** (J. Cayron)
19. **Le placement sous surveillance électronique** (Ch. Cardet)
20. **Le droit des associations** (K. Rodriguez)
21. **La réglementation du travail des chauffeurs routiers** (S. Carré)
22. **La concurrence déloyale** (A. Lecourt)
23. **Les procès devant le tribunal d'instance** (Ph. Flores)
24. **Les saisies immobilières** (Ph. Soustelle)
25. **Les pensions alimentaires** (M. Rebourg)
26. **Les sanctions en droit des assurances** (J.C. Ponge)
27. **Les prisons en Europe** (S. Snaken et F. Dünkel)
28. **Le secret professionnel** (B. Py)
29. **La garde à vue** (S. Bourretz)
30. **Paroles d'enfants, paroles de juges** (M. Redon)
31. **La lutte contre le blanchiment d'argent** (J. Lasserre Capdeville)
32. **Droit de la chasse et de la protection de la faune sauvage** (M. Redon)

Jean-Paul Céré
Maître de conférences à l'Université de Pau et des Pays de l'Adour
et
Frédérique Cohet-Cordey
Maître de conférences à l'Université Pierre Mendès France, Grenoble II

Le droit de la copropriété

Les assemblées de copropriétaires

L'Harmattan
5-7, rue de l'École-Polytechnique ; 75005 Paris
FRANCE

L'Harmattan Hongrie
Könyvesbolt
Kossuth L. u. 14-16
1053 Budapest

Espace L'Harmattan Kinshasa
Fac .des Sc. Sociales, Pol. et Adm. ;
BP243, KIN XI
Université de Kinshasa – RDC

L'Harmattan Italia
Via Degli Artisti, 15
10124 Torino
ITALIE

L'Harmattan Burkina Faso
1200 logements villa 96
12B2260
Ouagadougou 12

Des mêmes auteurs

Jean-Paul Céré :

Le permis à points, L'Harmattan, 2e éd. 2005

Les PV de stationnement, L'Harmattan, 2003

Panorama européen de la prison (dir.), L'harmattan, 2002

Droit disciplinaire en prison, L'Harmattan, 2001

Le contentieux disciplinaire dans les prisons françaises et le droit européen, L'Harmattan, 1999

Frédérique Cohet-Cordey :

Les droits de l'acquéreur d'un bien immobilier, L'Harmattan, 2003

http://www.librairieharmattan.com
diffusion.harmattan@wanadoo.fr
harmattan1@wanadoo.fr

ISBN : 2-296-00062-2
EAN : 9782296000629

Principales abréviations

AJDI .... Actualité Juridique Droit immobilier
AN .... Assemblée Nationale
Art .... Article
Bull. civ .... Bulletin des arrêts de la Cour de cassation
Cass. crim .... Chambre criminelle de la Cour de cassation
Cass. civ. .... Chambre civile de la Cour de cassation
C. civ .... Code civil
D .... Recueil dalloz
D. .... Décret
Ed .... Edition
Gaz. Pal. .... Gazette du Palais
Inf. rap. copr. .... Informations rapides de la copropriété
Infra .... Ci-dessous
JO .... Journal Officiel
JCP .... Juris-classeur périodique, édition Générale
JCP N .... Juris-classeur périodique, édition Notariale
JCP Const. urb .... Juris-classeur périodique,
.... édition Construction et urbanisme
L. . ... Loi
Loyers et copr .... Loyers et copropriété
Not .... Notamment
P, pp .... page(s)
Préc .... Précité
Q .... Questions
RD imm .... Revue de Droit immobilier
RDT civ .... Revue Trimestrielle de Droit Civil
Rep. Min .... Réponse Ministérielle
Rép. Def .... Répertoire Defrénois
S .... suivant
Supra .... Supra
V .... Voir

Introduction

Poumon de la copropriété, les assemblées générales de copropriétaires sont le lieu et la cause de nombreux conflits. Les décisions du syndicat de copropriétaires, personne morale (art. 14 de la loi du 10 juillet 1965), sont en effet prises en assemblée générale et appliquées par le syndic, représentant du syndicat selon des règles bien définies. Cette organisation s'impose, sans que la volonté des copropriétaires ait à se manifester par un acte quelconque. Elle est rendue nécessaire par l'existence d'une collectivité, plus ou moins développée, de copropriétaires, c'est-à-dire de personnes disposant d'un droit réel portant sur deux éléments distincts mais indissociables : une partie privative et une quote-part de partie commune d'un immeuble.

La copropriété est en effet une forme particulière de propriété collective où la chose commune est l'accessoire de biens qui sont la propriété individuelle des indivisaires. Dès 1955 la cour de cassation relevait que chaque lot est « objet d'une propriété principale privative ayant pour accessoire une quote-part de copropriété des parties communes » (▪ *Civ. 1, 21 nov. 1955 : JCP 1955 II 9004*). Cette analyse a été reprise par la loi du 10 juillet 1965 qui précise que chaque lot comprend « une partie privative et une quote-part de parties communes ». Qualifiée d'indivision forcée, la copropriété n'admet pas le partage des parties communes et des parties privatives car les premières sont indispensables à l'usage des secondes. Intérêts individuels et intérêts collectifs y sont donc inévitablement mêlés.

Longtemps une telle indivision est restée sans réglementation d'ensemble. Si les rédacteurs du code civil ont réglé dans le détail la situation du mur mitoyen (C. civ. art. 653 à 670), ils n'ont consacré qu'un seul article à la copropriété par appartements. Pourtant la copropriété verticale était déjà pratiquée avant la Révolution, mais son utilisation était limitée à deux villes (Grenoble - pour des raisons géographiques : la ville étant enfermée entre deux fleuves et deux massifs montagneux, elle ne peut s'étendre aisément - et Rennes - à la suite d'un incendie ayant ravagé une grande partie de la ville, une reconstruction à frais communs a été entreprise au XVIIIème siècle).

L'article 664 du code civil, que l'on doit à l'influence de Bigot de Préameneu (natif de Rennes), et qui n'a été qu'une disposition supplétive réglant la charge de la construction et de la réparation des diverses parties de l'immeuble collectif, constitua un embryon de réglementation de la copropriété. Il était ainsi rédigé : « *Lorsque les différents étages d'une maison appartiennent à divers propriétaires, si les titres de propriété ne règlent pas le mode de réparations et reconstructions, elles doivent être faites ainsi qu'il suit : les gros murs et le toit sont à la charge de tous les propriétaires, chacun en proportion de la valeur de l'étage qui lui appartient ; le propriétaire de chaque étage fait le plancher sur lequel il marche ; le propriétaire du premier étage fait l'escalier qui y conduit, le propriétaire du second étage fait, à partir du premier, l'escalier qui conduit chez lui et ainsi de suite* ». Ces dispositions sommaires ne pouvaient constituer un statut de la copropriété. En effet, aucune précision n'y était donnée relativement à l'organisation de la gestion de l'immeuble collectif. Par conséquent, seule l'unanimité pouvait permettre la prise de décision relative à l'immeuble commun. La division des immeubles par appartements devenant de plus en plus fréquente, la nécessité d'une réglementation d'ensemble s'est très tôt fait sentir. Mais ce n'est qu'avec la crise du logement et le développement des copropriétés verticales que le législateur intervint pour pallier l'insuffisance de ce texte abrogé par la loi du 28 juin 1938. Cette loi, qui, pour la première fois, organisa de manière durable la gestion d'un immeuble collectif, restait lacunaire. Ses insuffisances, telles que le maintien de la règle de l'unanimité afin de décider des améliorations de l'immeuble au frais de tous (L. 1965 art. 9 al. 4), amenèrent une nouvelle intervention d'ensemble du législateur avec la loi du 10 juillet 1965.

La loi n° 65-557 du 10 juillet 1965, fixant le statut de la copropriété des immeubles bâtis, régit les copropriétés verticales et, à défaut de convention contraire créant une organisation différente, les copropriétés horizontales. Ce texte, de caractère impératif (L. 1965 art. 43), s'impose sans dérogation possible, à tout immeuble ou groupe d'immeubles dont la propriété est répartie entre plusieurs personnes par lots dont chacun comprend une partie privative et une quote-part de parties communes (L. 1965 art. 1). Il a pour objectif d'assurer la valorisation du patrimoine immobilier (ce qui se traduit notamment par l'attribution du pouvoir de décider de certains travaux à l'assemblée des copropriétaires par une majorité autre que l'unanimité), la sauvegarde des droits individuels des copropriétaires et le souci d'éviter les litiges (objectif qui n'est pas totalement atteint étant donné l'abondant contentieux que l'on rencontre en la matière).

Ce texte fondamental a été modifié ou enrichi par différentes interventions législatives. La loi n° 85-1470 du 31 décembre 1985 a notamment reconnu aux copropriétaires un droit d'accès aux pièces justificatives des charges (L. 1965 art. 18-1), leur a fait obligation de subir les travaux entraînant un accès à leurs parties privatives (L. 1965 art. 9 al. 2 à 5) et donné aux dispositions de la loi de 1965 un caractère d'ordre public (L. 1965 art. 43). La loi n° 94-624 du 21 juillet 1994 sur l'habitat a, ensuite, notamment mis en place un fonds de réserve pour travaux futurs (L. 1965 art. 18) et un privilège immobilier garantissant le recouvrement des charges de copropriété (L. 1965 art. 19-1). La loi n° 95-73 du 21 janvier 1995 a ajouté un alinéa k à l'article 25 de la loi de 1965 concernant l'accès des forces de l'ordre aux parties communes de l'immeuble en copropriété. La loi n° 96-987 du 14 novembre 1996 a créé un nouvel article 16-2 de la loi de 1965 concernant l'expropriation des parties communes ou privatives de l'immeuble. Celle n° 96-1107 du 18 décembre 1996 dite loi Carrez a ajouté un article 46 à la loi de 1965 concernant l'obligation de mentionner la surface des parties privatives dans certaines ventes de lots. La loi n° 2000-1208 du 13 décembre 2000 dite loi SRU (Solidarité et Renouvellement Urbain) a quant à elle apporté de nombreuses innovations aux règles de la copropriété relatives aux cadres juridiques de la copropriété, au fonctionnement de celle-ci, à sa gestion comptable et financière et aux mutations de lots de copropriété et aux copropriétés en difficulté. Pour sa part, la loi n° 2003-590 du 2 juillet 2003 urbanisme et habitat est venue préciser la majorité applicable aux travaux d'accessibilité aux personnes handicapées. La loi n° 2003-710 du 3 juillet 2003 est venue introduire diverses dispositions inhérentes à l'état de l'immeuble dans le droit de la copropriété. La loi n° 2004-669 du 9 juillet 2004 relative aux communications électroniques et aux services de communication audiovisuels a également procédé à quelques aménagements du droit de la copropriété en la matière. Enfin, la loi n° 2005-32 du 18 janvier 2005 de programmation pour la cohésion sociale a notamment reporté au premier janvier 2006 l'entrée en vigueur des nouvelles normes comptables. Ces diverses interventions législatives n'ont jamais donné lieu à une refonte totale du droit de la copropriété et la réforme d'ensemble de ce droit, plusieurs fois annoncée, n'a pas encore vu le jour (v. B. Boussageon, *Fallait-il entreprendre une nouvelle réforme du statut ? Motivations et économie du projet en préparation* : Rev. Loyers 1997 p. 159).

La loi de 1965 est complétée par un décret d'application du 17 mars 1967, lui même modifié à de nombreuses reprises (en dernier lieu par le décret n° 2005-240 du 14 mars 2005 relatif aux comptes du syndicat des copropriétaires). Ces textes n'ont pas donné lieu à codification (quand bien même certains éditeurs proposent des codes de la copropriété. Il ne s'agit nullement là de codes législatifs).

L'application de cette réglementation assurant la gestion d'un immeuble collectif s'ajoute à la nature juridique particulière du droit du copropriétaire titulaire d'un lot composé d'une partie privative et d'une quote-part de parties communes. Les parties privatives sont la propriété exclusive de chaque copropriétaire tandis que les parties communes, affectées à l'usage ou à l'utilité de tous les copropriétaires ou de plusieurs d'entre eux, sont la propriété divise de chacun d'eux. Une approche unitaire du droit de copropriété conduit à raisonner par lot et non au regard de ces deux types de propriété de nature distincte. Elle amène à regarder le droit du copropriétaire comme un droit réel de propriété portant sur l'ensemble du lot composé d'une partie privative et d'une quote-part de parties communes plutôt que de le voir comme étant la somme d'un droit de propriété au sens de l'article 544 du Code civil auquel s'adjoindrait un droit de propriété divis. Une approche dualiste conduirait au contraire à traiter différemment ces deux éléments du droit du copropriétaire or, non seulement le droit du copropriétaire ne peut se concevoir sans ces deux éléments (L'article 6 de la loi de 1965, d'ordre public, précise en ce sens : « *Les parties communes et les droits qui leur sont accessoires ne peuvent faire l'objet, séparément des parties privatives, d'une action en partage ni d'une licitation forcée* »), mais ses prérogatives sont, sur cet ensemble, étroitement dépendantes de considérations collectives.

Certes le droit du copropriétaire appréhendé en tant que droit réel portant sur un lot est un droit privatif. Ce caractère privatif est affirmé par diverses dispositions de la loi de 1965 (il en est ainsi des articles 8 alinéa 2, 9, et 26 alinéa 2) qui visent à lui reconnaître un droit aussi proche que possible de la propriété individuelle (c'est ainsi que depuis 1986 la jurisprudence admet que le copropriétaire puisse transformer un grenier en local d'habitation ou modifier l'activité exercée dans un local commercial (en ce sens ▪ *Civ. 3, 10 déc. 1986 : D. 1987 146 note F. Givord et Cl. Giverdon*). Dans le même esprit on rappellera la jurisprudence qui annule les clauses du règlement de copropriété qui portent atteinte à l'exercice des droits des copropriétaires sur les parties privatives telles les clauses contraignant un copropriétaire à la vente de son lot (▪ *TGI Grenoble 1ère ch. 6 avril 1964, JCP 1964 II 13666 note R. Savatier* ▪ *Civ. 3, 17 juillet 1972 : JCP 1972, II, 17241 note E.- J. Guillot – les clauses interdisant de céder un lot à une personne autre qu'un copropriétaire* ▪ *Civ. 3 22 mai 1979 : D 1979 548- ou les clauses donnant préférence à un copropriétaire).* Mais ce droit comporte deux réserves essentielles liées à la destination de l'immeuble collectif et aux droits des autres copropriétaires auxquels un copropriétaire ne peut porter atteinte.

Les copropriétaires ont donc des droits et des obligations qui résultent directement de l'existence d'une organisation collective de la propriété. Cette organisation n'est pas une modalité abstraite du droit de propriété, il s'agit d'une organisation concrète des rapports de voisinage entre immeubles (cf. J. Carbonnier, Droit des biens éditions Thémis). C'est cette organisation concrète (devenue communautaire ou institutionnaliste selon la doctrine moderne. V. Cl. Giverdon, Le statut de la copropriété, du droit privé au droit public, Gaz. Pal. 15 et 16 mars 2002 p. 17) qui nous retiendra. Elle résulte de diverses dispositions impératives de la loi du 10 juillet 1965 et du décret du 17 mars 1967. La collectivité des copropriétaires, constituée de plein droit en un syndicat (L. art. 14), délibère en assemblée générale (L. art. 17). Cet organe a donc seul qualité pour exprimer la volonté du syndicat et assurer la conservation de l'immeuble collectif ainsi que l'administration des parties communes (L. art. 14). Nulle autre possibilité d'expression n'est permise. C'est ainsi qu'une autorisation accordée par tous les copropriétaires en dehors de toute assemblée générale ne saurait avoir aucune portée (▪ *Civ. 22 mai 1973 : Gaz.Pal.1973, 2, 239* ▪ *Civ. 3, 14 juin 2000 : JCP const. urb. 2000 n° 215, quand bien même elle serait donnée à l'unanimité* ▪ *Civ. 23 oct. 1979 : JCP 1980 IV 6*), de même que les autorisations données au syndic ne sauraient dispenser de la tenue d'une assemblée générale (▪ *Civ. 3, 14 mai 1974 : JCP N 1974 II p. 17 n° 795)*La loi du 10 juillet 1965 semble laisser une certaine place à la volonté des copropriétaires en renvoyant au règlement de copropriété pour déterminer les règles de fonctionnement et les pouvoirs de ces assemblées générales (L. art. 22 al. 1). Mais cette liberté n'est qu'apparence dans la mesure où la plupart des règles inhérentes à la composition de l'assemblée, à ses pouvoirs et aux modalités de sa convocation et de la tenue de l'assemblée sont d'ordre public.

C'est donc vers la loi et non vers la convention des parties qu'il convient de se tourner pour déterminer la marche à suivre en matière de convocation d'une assemblée générale de copropriétaire (Chapitre 1), de tenue d'une telle assemblée (Chapitre 2), d'exécution de ses décisions (Chapitre 3) et de recours contre celles-ci (Chapitre 4).

1

La convocation des assemblées

La convocation d'une assemblée de copropriétaire répond à plusieurs exigences dont le respect va conditionner la validité des décisions prises au cours de l'assemblée. La convocation concerne un nombre déterminé de personnes (section 1) et la réglementation détaille ses modalités de forme et de contenu (section 2).

Section 1. Les personnes concernées par la convocation

La réunion d'une assemblée de copropriété engage nécessairement deux groupes de personnes. Le premier correspond aux personnes habilitées à convoquer l'assemblée (§ 1) tandis que le second regroupe l'ensemble des personnes qui peuvent assister à l'assemblée (§ 2).

§ 1. Les personnes habilitées à convoquer l'assemblée

Une assemblée est généralement convoquée à l'initiative du syndic de copropriété (A). D'autres personnes, au nombre desquels figurent les copropriétaires, peuvent également imposer la tenue d'une assemblée (B). Dans ce cas, toutefois, la convocation est soumise à plusieurs conditions.

A. La convocation de l'assemblée par le syndic

Le syndic dispose d'un quasi monopole en matière de convocation des assemblées de copropriété mais il est tenu de respecter des règles particulièrement strictes. Une assemblée doit être convoquée « au moins une fois chaque année » par ce dernier (Décret du 17 mars 1967, art. 7). Cette périodicité correspond à un minimum obligatoire que ni le syndic ni les copropriétaires ne peuvent aménager. L'article 7 est un texte d'ordre public auquel il ne peut être dérogé. En conséquence, l'assemblée ne peut autoriser le conseil syndical à supprimer cette périodicité (▪ *Cass. 3e civ., 25 mai 1976, Bull. civ. III, p. 174)* et la clause du règlement de copropriété qui irait dans le même sens serait nulle. Le syndic qui néglige de convoquer tous les ans l'assemblée engage quant à lui sa responsabilité civile et peut être condamné à réparer le préjudice pouvant en résulter *(▪ Cass. 3e civ. 7 févr. 1990, Rev. Administrer, nov. 1990, p. 25 ; Loyers et copr. avr. 1990, n° 195).*

Les assemblées peuvent néanmoins, sans conteste, se tenir plusieurs fois par an. L'article 7 n'impose qu'une fréquence minimale de réunion. Dès lors, le syndic peut tout à fait prévoir d'augmenter le nombre des assemblées annuelles s'il le juge opportun. Il s'agit d'une simple faculté qu'il pourra utiliser lorsque, par exemple, une décision qui ne peut attendre l'échéance annuelle doit être prise.

Il est en revanche tenu de réunir une assemblée quand la demande est formulée soit par le conseil syndical, s'il en existe un, soit par un (ou des) copropriétaire(s) représentant au moins un quart des voix de tous les copropriétaires (c'est-à-dire 250 millièmes), sachant que le règlement de copropriété peut prévoir des conditions de voix moins strictes (D. 1967 art. 8). Dans les ensembles immobiliers où un copropriétaire dispose de plus de la moitié des millièmes, ses voix sont réduites à la somme des voix des autres copropriétaires. Ainsi, par exemple, si un copropriétaire détient 850 millièmes, ses voix seront réduites à la somme des voix des autres copropriétaires, c'est-à-dire à 150 millièmes. Dans ce cas de figure, bien que disposant de 850 millièmes, ce copropriétaire n'est donc pas en mesure d'obliger le syndic à convoquer une assemblée.

Pour qu'une demande de convocation de l'assemblée par le conseil syndical ou par un ou plusieurs copropriétaires oblige le syndic à y déférer il convient que la requête précise les questions dont l'inscription à l'ordre du jour est demandée (D. 1967 art. 8 al. 1.). La demande devant être « notifiée », selon les termes mêmes de cet article, il convient d'accomplir celle-ci par lettre recommandée avec demande d'avis de réception (D. 1967 art. 64 al. 1).

La convocation d'une assemblée est encore de droit pour le syndic après qu'il ait fait procéder de sa propre initiative à des travaux urgents nécessaires à la sauvegarde de l'immeuble. L'article 37 du décret du 17 mars 1967 lui impose alors d'en informer les copropriétaires et surtout de convoquer « immédiatement une assemblée générale ».

Il est bien entendu que la convocation de l'assemblée appartient en tout en état de cause au syndic en fonction. Il faut donc penser que lorsque celui-ci n'exerce plus aucun mandat, il perd *de facto* son habilitation. Trois cas de figure doivent, en pratique, être distingués. L'assemblée peut tout d'abord être effectivement convoquée et tenue après l'expiration du mandant du syndic par arrivée du terme, démission ou révocation. Il faut préciser ici que la fusion absorption de la société titulaire du mandat de gestion de l'immeuble n'entraîne pas de plein droit le transfert du mandat du syndic de copropriété à la société absorbante (en ce sens, ▪ *Cass. civ. 3° civ, 10 nov. 1998 : JCP 1999 n° 10051).* En l'état actuel de la jurisprudence, la fusion absorption ne saurait permettre au syndic de copropriété de se faire substituer une société nouvelle dans ses fonctions sans l'accord formel de l'assemblée générale. La même solution est retenue en cas de cession de fonds ou de location gérance du cabinet de syndic (cf. ▪ *Cass. civ. 3° civ. 18 octobre 1997 : RDI 1998 p. 157 obs. P. Capoulade ;* C. Atias, *Mise en location gérance et autres mutations du cabinet de syndic :* IR copr. 1996 p. 25*)*. Dans ces cas, aussi bien la convocation que l'assemblée sont jugées comme irrégulières et annulables. Mais les décisions prises en assemblée ne sont par frappées de nullité de plein droit. Elles produiront donc leur plein effet tant que leur annulation n'aura pas été demandée dans les délais fixés par la loi *(▪ Cass. civ. 3e civ. 7 déc. 1988 : D. 1988. IR. p. 300 ; Loyers et copr. 1989, n° 93 ▪ Cass. civ. 3°civ. 10 déc. 2003, JCP Const. urb. 2004 p. 16 n° 31 ▪ Cass. civ. 3° civ. 3 mars 2004 : JCP Const. urb. 2004 p. 17 n° 82 ; Loyers et copr. 204 p. 18 n° 35.* Voir C. Giaume, Fin du contrat de syndic de copropriété et poursuite de la gestion : Petites affiches 6 août 1990 n° 94 p. 10 ; J. Lot, Le syndic de copropriété gérant d'affaires : Administrer avr. 1980 p. 7). L'assemblée peut ensuite être convoquée par un syndic encore en fonction, mais se tenir après l'expiration du mandat. Dans ce cas, parce que la convocation est valide, l'assemblée est considérée comme régulière et n'encourt pas la nullité *(▪ TGI Bobigny, 5e ch., 9 déc. 1998 : Rev. Administrer, janv. 2000, p. 37, obs. J.R. Bouyeure ; Loyers et copr. 2000, n° 104).* Enfin, l'assemblée peut avoir été convoquée par un syndic dont la décision de désignation est annulée. Se pose alors la question du sort des assemblées qu'il a convoqué avant cette annulation ; sont-elles elles mêmes annulables ? La cour de cassation a récemment retenu que l'annulation de la décision de désignation du syndic rétroagit et rend les décisions prises à l'occasion des assemblées ultérieures annulables (▪ *Cass. civ. 3° civ, 7 avr. 2004, JCP N 2004 n° 1373*). La circonstance qu'à la date de la convocation de l'assemblée générale en cause la décision d'annulation de la désignation du syndic n'ait pas encore été rendue est sans conséquence. L'annulation de la désignation étant rétroactive, elle remet par là même en cause toutes les assemblées convoquées par la personne dont le mandat est annulé. Mais il faut encore que l'annulation de ces décisions ait été demandée dans les délais fixés par la loi (*cf. supra*).

B. La convocation de l'assemblée par d'autres personnes

Le principe de la convocation de l'assemblée par le seul syndic est aujourd'hui bien établi en droit de la copropriété. Son non-respect ne peut que déboucher sur la nullité de la convocation et de l'assemblée qui se déroule à sa suite *(par ex. pour une convocation par l'entremise d'un huissier, ▪ CA Paris 19e ch. B, 19 sept. 1990 : Loyers et copr. 1990, comm. n° 444 ou par un « syndic pressenti » par un copropriétaire, ▪ CA Versailles, 9 juill. 1986 : Rev. Loyers 1987, p. 108).* Dans le cas d'une convocation d'une assemblée par une personne n'ayant pas qualité pour le faire, le demandeur en nullité n'est pas lié par le délai de contestation de deux mois de l'article 42 de la loi du 10 juillet 1965 *(▪ Cass. 3e civ. 22 juin 1994 : JCP N 1994, p. 356, note A. Djigo ; Rev. Administrer, mars 1995, note P. Capoulade).* Un copropriétaire, même président du conseil syndical, ne pourrait, de lui-même, convoquer l'assemblée générale (▪ *CA Paris, 23e ch. B, 7 juin 2001, Quatrepoint c/ Synd. 99/101 rue de Clignancourt : Loyers et copr. 2001, n°295*).

Deux tempéraments au principe de la convocation de l'assemblée par le syndic peuvent être toutefois rapportés.

En premier lieu, en cas de carence du syndic qui ne défère pas à la demande de convocation régulière de l'assemblée par le conseil syndical ou par un ou plusieurs copropriétaires disposant au moins un quart des voix (V. *Supra*), des solutions existent pour pallier son inertie.

Aucun délai spécifique n'est requis pour que le syndic réponde favorablement à la demande de convocation mais, s'il tarde trop, une mise en demeure peut lui être adressée par le président du conseil syndical soit d'office soit à la requête des copropriétaires qui avaient sollicité la convocation de l'assemblée. Si la mise en demeure n'est pas suivie d'effet sous huit jours, le président du conseil syndical dispose alors du pouvoir de convoquer lui-même l'assemblée au terme de ce délai.

La mise en demeure peut même parfois provenir de tout copropriétaire, sans qu'il s'agisse forcément de celui ou de ceux qui avaient demandé la convocation de l'assemblée. L'article 8 de la loi du 10 juillet 1965 envisage trois cas de figure :

- il n'existe pas de conseil syndical ;
- les membres de ce conseil syndical n'ont pas été nommés ;
- le président du conseil syndical ne procède pas à la convocation de l'assemblée après la mise en demeure.

Si la mise en demeure est restée infructueuse pendant plus de huit jours, le copropriétaire peut provoquer la convocation de l'assemblée en assignant en référé le syndic (ou, le cas échéant, le président du conseil syndical) devant le président du Tribunal de Grande Instance du lieu de situation de l'immeuble. L'assignation en justice doit, à peine d'irrecevabilité, être précédée d'une mise en demeure, restée infructueuse pendant plus de huit jours, adressée au syndic ou, le cas échéant, au président du conseil syndical (art. 50 D.). La personne habilitée par le tribunal aura pour mission de convoquer l'assemblée et, si l'ordonnance le précise, de présider l'assemblée. L'ordre du jour de l'assemblée convoquée suit alors celui prévu dans la demande initiale formulée par le conseil syndical ou les copropriétaires *(▪ TGI Toulouse, 11 janv. 1977 : JCP 1978. II. 18878, note E.-J. Guillot).* Les frais de procédure et de rémunération de la personne habilitée par l'ordonnance à convoquer l'assemblée sont des charges communes générales, supportées par l'ensemble des copropriétaires en fonction de leur nombre de tantièmes.

En second lieu, la convocation de l'assemblée peut être le fait d'un administrateur provisoire. La désignation de ce dernier peut intervenir dans plusieurs hypothèses.

L'article 18 de la loi du 10 juillet 1965 prévoit tout d'abord que, « en cas d'empêchement du syndic pour quelque cause que ce soit ou en cas de carence de sa part à exercer les droits et actions du syndicat et à défaut de stipulation du règlement de copropriété, un administrateur provisoire peut être désigné par décision de justice ». Le syndic sera ainsi empêché lorsqu'il est dans l'impossibilité d'accomplir sa mission, pour quelque raison que ce soit (telles que maladies, l'incapacité temporaire, interdiction). La carence du syndic résulte quant à elle de la situation dans laquelle le syndic n'assure pas sa mission (ce sera le cas s'il ne procède pas aux appels de fonds, s'il n'agit pas en justice dans l'intérêt du syndicat ▪ *Cass. civ. 3e civ. 9 avr. 1974 : JCP éd. N 1975 prat. p. 6013).* Mais s'il se contente de ne pas convoquer une assemblée générale, on appliquera les dispositions des articles 8 et 50 du décret de 1967 (étudiées ci-dessus). L'action tendant à la désignation d'un administrateur provisoire est ici intentée contre le syndic à titre personnel. Elle est présentée au président du tribunal de grande instance qui peut, « statuant en matière de référé » (D. 1967 art. 49), désigner un administrateur provisoire qui, sauf disposition contraire, se verra confier les mêmes attributions que le syndic pour une durée fixée par l'ordonnance (D. 1967 art. 62-5). La nomination d'un tel administrateur fait perdre ses pouvoirs au syndic jusque là en poste.

L'article 47 du décret du 17 mars 1967 prévoit ensuite que lorsque la copropriété est dépourvue de syndic, pour une raison autre que le défaut de nomination par l'assemblée générale (lorsque les copropriétaires, réunis en assemblée, n'auront pu dégager une majorité suffisante pour élire un candidat, un ou plusieurs copropriétaire ou membre du conseil syndical, peut saisir le président du tribunal de grande instance afin d'obtenir une ordonnance sur requête désignant un syndic -dit syndic judiciaire ; D. 1967 art. 46-), la nomination d'un administrateur provisoire peut intervenir à la demande de tout intéressé (un créancier du syndicat par exemple). Le demandeur doit saisir le président du Tribunal de Grande Instance afin qu'il rende une ordonnance sur requête désignant un administrateur provisoire. Ce dernier a notamment pour fonction de convoquer une assemblée aux fins de désigner un syndic dans les délais fixés par les juges (D. 1967 art. 47). La durée de ses fonctions ne peut excéder trois ans. En toutes hypothèses, elles cessent de plein droit dès l'acceptation de son mandat par le syndic élu en assemblée.

Enfin, la loi n° 94-624 du 21 juillet 1994 relative à l'habitat a créé un nouveau cas d'intervention d'un administrateur provisoire des copropriétés en difficulté (L. 1994 art. 29-1). Dans l'hypothèse où « l'équilibre financier du syndicat des copropriétaires est gravement compromis ou lorsque le syndicat se trouve dans l'impossibilité de pourvoir à la conservation de l'immeuble, le président du tribunal de grande instance statuant comme en matière de référé ou sur requête, peut désigner un administrateur provisoire du syndicat. Le président du tribunal de grande instance ne pourra être saisi à cette fin que par des copropriétaires représentant ensemble 15 p. 100 au moins des voix du syndicat, par le syndic ou par le procureur de la République ». Le président du tribunal de grande instance est alors saisi par la voie d'une assignation dirigée contre le syndicat représenté par le syndic » (D. 1967 art. 62-1 al. 1). « Lorsque la demande émane du syndic, le président du tribunal de grande instance est saisi par la voie d'une requête accompagnée des pièces de nature à justifier de la demande après consultation du conseil syndical» (art. 62-2, al. 2). « Lorsque la demande émane du procureur de la République, ce dernier présente au président du tribunal de grande instance une requête indiquant les faits de nature à motiver cette demande. Le président du tribunal, par les soins du greffier fait convoquer le syndicat représenté par le syndic, par acte d'huissier, à comparaître dans le délai qu'il fixe. A cette convocation est jointe la requête du procureur de la République » (D. 1967 art. 62-2, al. 3). « L'ordonnance qui désigne l'administrateur provisoire fixe la durée et l'étendue de sa mission » (D. 1967 art. 62-5), et le syndic qui était jusqu'alors en poste ne conserve pas ses pouvoirs. (Sur l'administrateur provisoire, voir Péricaud J.-F., *Vers l'unicité de l'administration provisoire de la copropriété* : Gaz. Pal. 7-8 févr. 2003, doct., p. 14).

§ 2. Les personnes convoquées à l'assemblée

Il est de règle dans toute copropriété que tous les copropriétaires soient convoqués. Ce principe intangible (A) peut soulever quelques difficultés d'application que la loi permet cependant de résoudre (B).

A. Le principe de la convocation de tous les copropriétaires

Le principe de la convocation de tous les copropriétaires ne souffre d'aucune exception. Comme chaque copropriétaire à le droit de participer aux assemblées, il va de soi que la convocation doit effectivement leur parvenir, quels que soient l'importance et le nombre de tantièmes de copropriété afférents au lot (*Cass. civ. 3e civ., 22 févr. 1989 : Loyers et copr. 1989, n° 199*). Il suffit qu'un seul copropriétaire soit omis pour que la nullité de l'assemblée soit encourue (• *Cass. 3e civ., 17 juill. 1975 : JCP 1975. II. 18169, note E.-J. Guillot).* Le fait qu'un copropriétaire n'ait pas d'intérêt direct à la décision mise au vote en assemblée ne permet même pas de justifier son absence de convocation. Si certains copropriétaires sont convoqués au motif qu'ils sont seuls concernés, la décision prise en assemblée peut être annulée (• *Cass. 3e civ. 18 janv. 1985 : Rev. Administrer, déc. 1985, p. 39, obs. E.-J. Guillot).* Il en ira ainsi lorsque les copropriétaires de lots transitoires (lots non bâtis) ne sont pas convoqués. La cour de cassation a pu rappeler à plusieurs reprises que les copropriétaires de lots livrés et de lots non livrés, de lots bâtis et de lots transitoires, doivent être convoqués à l'assemblée générale pour qu'elle soit valable (▪ *Cass. civ. 3, 8 févr. 1995 : Bull. civ. 1995 III n° 41* ▪ *Cass. civ. 3, 16 mai 2001 : AJDI 2001 p. 989 obs. P. Capoulade*).

Lorsque plusieurs lots sont attribués à des personnes qui ont constitué une société propriétaire de ces lots, chacun des associés participe néanmoins à l'assemblée du syndicat et y dispose d'un nombre de voix égal à la quote-part dans les parties communes correspondant au lot dont il a la jouissance (L. n° 65-557, 10 juill. 1965, art. 23, al. 1er, JO 11 juill.). La loi vise l'hypothèse dans laquelle, parmi les copropriétaires, figure une société d'attribution régie par les articles L 212-1 et suivants du Code de la construction et de l'habitation ou une société coopérative de construction dont les parts ou actions donnent vocation à l'attribution d'un lot, soumise aux articles L 213-1 et suivants du Code de la construction et de l'habitation (E.-J.Guillot, *La contestation des décisions d'une assemblée de copropriété par une société de construction copropriétaire :* Rev. Administrer 1985, n° 153, p. 2 et s. ; Sizaire, *Les quasi-copropriétaires* : Rev. Administrer 1987, n° 181, p. 7 et s.). L'originalité vient du fait que ce sont les associés desdites sociétés et non leur représentant légal ou statutaire qui participeront aux assemblées. Mais la société en cause a seule la qualité de copropriétaire.

Le principe selon lequel tous les copropriétaires doivent bien être convoqués est considéré comme intangible. Il n'en mérite pas moins quelques explications supplémentaires dans sa mise en pratique.

B. L'application du principe de convocation de tous les copropriétaires

La règle de convocation de tous les copropriétaires à l'assemblée comporte quelques exceptions motivées par la présence de situations singulières (1). En dehors de ces exceptions, la mise en œuvre du principe ne soulève plus guère de difficultés (2).

1. Les exceptions au principe

Trois exceptions au principe de convocation de tous les copropriétaires peuvent être rencontrées en pratique. Elles ont leur fondement dans les dispositions du règlement de copropriété ou s'expliquent par la qualité du copropriétaire du lot.

- Quand le règlement de copropriété envisage des répartitions de charges spéciales, la tenue d'assemblées spéciales est prévue par l'article

24 al. 2 de la loi du 10 juillet 1965. Ces assemblées dites restreintes ne concernent que les copropriétaires qui participent à des charges. Les autres copropriétaires en sont donc légitimement exclus et ne reçoivent pas de convocation.

- Quand le règlement de copropriété fait état de « parties communes spéciales », seuls les copropriétaires concernés, c'est-à-dire les copropriétaires possédant des droits sur ces parties communes doivent être convoqués, à la condition que la décision envisagée ne soit pas susceptible d'avoir des répercussions sur l'ensemble de la copropriété (par ex. ▪ *TGI Paris, 23 oct. 1987 : RD imm. mars 1988, p. 136, obs. C. Giverdon).* Il s'agit généralement de copropriétés comprenant plusieurs bâtiments.

- Dans l'hypothèse où le syndicat de copropriétaire possède lui-même des parties privatives à la suite d'une acquisition ou d'une aliénation, il ne dispose pas pour autant de voix en assemblée générale. En toute logique, il n'y a pas donc pas lieu de le convoquer (L. 1965 art. 16 al. 2).

Le principe en vertu duquel tous les copropriétaires doivent être convoqués pour l'assemblée et les trois exceptions qui lui sont attachées permettent de dégager des lignes directrices applicables aux situations pratiques les plus fréquemment rencontrées.

2. La mise en œuvre du principe

La mise en œuvre du principe de convocation des copropriétaires peut poser quelques difficultés dans certains cas précis.

A) Les règles de convocation des époux

Quand le bien immobilier appartient en propre à un époux, seul ce dernier est convoqué à l'assemblée (par exemple pour un bien acquis avant le mariage ou un pour un bien acheté par un époux marié sous le régime de séparation de biens). Dans le cas où les époux possèdent chacun un lot dans la même copropriété, les deux sont convoqués, séparément. Le fait qu'ils aient réunis leurs lots respectifs pour constituer un duplex n'y change rien (▪ *CA Colmar, 14 mars 1997 : AJDI 1998, obs. P. Guitard ; RD imm. 1998, p. 290, obs. C. Giverdon).*

Quelques difficultés pratiques peuvent toutefois naître du silence de la loi à l'égard des époux copropriétaires d'un même lot. Les règles de convocation varient assurément selon leur situation matrimoniale. Si les époux disposent de pouvoirs communs sur le bien (régime légal de la communauté réduite aux acquêts, régime de la communauté universelle), rien n'interdit qu'ils se mettent d'accord pour désigner un mandataire commun, à l'instar de ce qui doit se faire pour les lots en indivision ou en usufruit mais encore faut-il qu'ils le fassent savoir au syndic (L. 1965 art. 23). A défaut chacun devrait être convoqué individuellement. Mais compte tenu de la lourdeur d'un tel procédé, il est compréhensible que l'un et l'autre ne le soit pas toujours et les tribunaux estiment que les époux ne peuvent exiger d'être convoqués individuellement (▪ *CA Paris 29 juin 2000 : Loyers et coprop. 2001 n° 40*). Si les époux sont mariés sous le régime de la séparation de biens et que le lot est en indivision entre les deux, les règles afférentes à ce type de situation s'appliquent.

b) Les lots en indivision ou en usufruit

Dans le cas d'un lot en indivision, grevé d'usufruit ou d'un droit d'usage et d'habitation, la loi permet de distinguer deux hypothèses.

Si le règlement de copropriété n'apporte aucune indication sur la démarche à suivre, les intéressés sont alors tenus de désigner d'un commun accord un mandataire qui sera convoqué en leur nom. A défaut d'entente entre les indivisaires, le mandataire peut être désigné par le président du tribunal de grande instance à la demande de l'un d'entre eux ou du syndic (L. 1965 art. 23). Le mandataire peut bien évidemment être l'un des indivisaires, l'un des copropriétaires, le nu-propriétaire, l'usufruitier, voire même une personne extérieure à la copropriété, à l'exclusion du syndic, de son conjoint ou de ses préposés.

Si le règlement de copropriété comporte des dispositions relatives aux modalités de convocation aux assemblées, il convient de les respecter. Ainsi, le règlement de copropriété peut stipuler qu'il est suffisant de convoquer à l'assemblée l'usufruitier ou le nu-propriétaire ou l'un quelconque des indivisaires. Il a été jugé que dans le cas où le règlement prévoit que les convocations doivent être adressées à une seule personne (en l'occurrence le titulaire du droit d'usage et d'habitation sur le lot), le non respect de cette disposition rendait les décisions prises en assemblée inopposables au titulaire de ce droit *(▪ Cass. 3e civ., 19 juin 1996 : Loyers et copr. août-sept. 1996, n° 366 ; RD imm. 1996, p. 607, obs. P. Capoulade).* Il faut toutefois que les dispositions du règlement ne contredisent pas les dispositions d'ordre public de la loi du 10 juillet 1965 ou du décret du 17 mars 1967 qui constituent le droit de la copropriété. Si tel est le cas, la disposition n'a pas à être appliquée (par ex. ▪ *Cass. 3e civ., 6 déc. 1983 : Rev. administrer oct. 1984, p. 43, note E.-J. Guillot*).

c) Les locataires

Les locataires disposent de droits marginaux au regard des assemblées de copropriétaires. Ils ne peuvent en principe y assister. En conséquence ils n'ont pas à recevoir de convocation. Une exception existe néanmoins pour les représentants statutaires des associations déclarées constituées entre les locataires d'un bâtiment à usage d'habitation ou d'un ensemble de bâtiments au même usage. Ces derniers peuvent assister à l'assemblée générale de copropriété en vue notamment de formuler des observations sur les questions inscrites à l'ordre du jour de l'assemblée. Comme ces représentants de locataires ne sont pas concernés directement par la vie de l'assemblée (notamment absence de droit de vote), ils n'ont pas à être convoqués au sens strict du terme. Il convient, pour le syndic, de les tenir informés de la date, de l'heure, du lieu et de l'ordre du jour de l'assemblée par courrier recommandé avec demande d'avis de réception (art. 44 al. 3 loi n° 86-1290 du 23 déc. 1986 modifiée par la loi n° 89-462 du 6 juill. 1989).

On distinguera cette situation de celle du locataire accédant à la propriété en vertu d'un contrat d'accession (soumis à la loi n° 84-595 du 12 juillet 1984). Un tel contrat est considéré comme emportant une mutation au profit de l'accédant qui est, en principe, subrogé dans les droits et obligations du vendeur. Il aura en conséquence accès aux assemblées générales des copropriétaires et droit de vote (Y. Vigneron, *La loi du 12 juillet 1984 sur la location-accession et le statut de la copropriété* : JCP éd. N 1985, I, p. 115 et s.). Mais, par exception à ce principe, le droit de vote est conservé par le vendeur lorsque la décision figurant à l'ordre du jour concerne les réparations dont le vendeur assume la charge (visées aux articles 29 et 30 de la loi de 1965), ou lorsqu'elle porte sur un acte de disposition visé aux articles 26 et 35 de la loi de 1965 (L. 1984 art. 32). Dans les hypothèses où l'une des parties au contrat de location-accession n'a pas de droit de vote, la loi lui permet d'assister à l'assemblée générale et d'y formuler toutes observations sur les questions pour lesquelles elle ne dispose pas du droit de vote.

d) Le candidat acquéreur

Lorsqu'un lot de copropriété est vendu à une date proche d'une réunion d'assemblée générale, se pose la question de savoir si le candidat acquéreur peut participer à cette assemblée générale. En principe, tant que le transfert de propriété n'a pas été notifié au syndic, il lui est inopposable et seul sera convoqué le vendeur. Ce n'est donc que si la mutation du lot est notifiée avant la convocation de l'assemblée que le syndic devra adresser une convocation à l'acquéreur. Si la notification de la mutation intervient alors que l'assemblée est convoquée, le syndic n'a pas à refaire la convocation pour l'adresser à l'acquéreur (▪ *TGI Paris, 7 févr. Et 4 juin 1976 : D. 1976 IR p. 36*). Or le vendeur, seul convoqué, n'aura pas le droit de voter en conséquence de sa perte de qualité de copropriétaire (s'il votait tout de même, son vote n'aurait aucune valeur). Mais l'acquéreur peut se présenter lors de la tenue de l'assemblée et y participer avec voix délibérante, ce qui suppose qu'il ait été prévenu de la date de l'assemblée. En pratique, l'acte de vente oblige le plus souvent le vendeur à informer son acquéreur de l'existence d'une convocation et de son contenu. A défaut d'une telle information, l'acquéreur sera considéré comme défaillant à l'assemblée générale et pourra mettre en cause la responsabilité de son vendeur.

Le syndic pour sa part convoque valablement le vendeur à l'assemblée dès lors qu'à la date de l'envoi de la convocation il n'a reçu aucune notification de transfert de propriété. Mais s'il reçoit cette notification avant le délai de quinze jours précédant la réunion de l'assemblée, il doit convoquer le nouveau copropriétaire. A défaut, ce dernier pourra invoquer la nullité de l'assemblée pour non respect des règles de convocation (▪ *CA Versailles, 22 mars 2004 : Loyers et copr. 2004 n° 170 obs. Vigneron, Rép. Def. 2005 p. 706 n° 24 obs. Atias*).

Section 2. Les modalités de la convocation

La réunion des copropriétaires en assemblée au moins chaque année est essentielle. Comme toutes les questions importantes impliquent un vote en assemblée, les copropriétaires doivent être dûment informés de leur périodicité et des décisions à prendre. Afin de s'assurer de cette connaissance, la loi impose la présence d'éléments obligatoires pour que l'assemblée soit valablement convoquée (§ 1). Ce faisant la convocation va générer plusieurs effets (§ 2).

§ 1. Les éléments de la convocation

La convocation est un moyen indispensable à l'information des copropriétaires. Aussi, des conditions de forme (A), un contenu précis (B) et des délais (C) sont requis.

A. La forme de la convocation

La convocation à l'assemblée passe nécessairement par la rédaction d'un écrit. La signature de l'auteur de la convocation est en principe requise mais, en son absence, la convocation n'est pas systématiquement remise en cause. La jurisprudence considère que le défaut de signature du syndic n'entache pas la validité de l'acte et de l'assemblée qui lui fait suite quand le copropriétaire qui reçoit la lettre en comprend bien le sens. Il en est ainsi quand le copropriétaire concerné adresse au syndic une liste de questions dont il demandait l'inscription à l'ordre du jour (▪ *Cass. 3e civ., 9 juill. 1986 : Administrer, nov. 1986, p. 23* ▪ *CA Paris, 23e ch., 5 févr. 1993 : Loyers et copr. 1993, n° 242).*

Cette convocation écrite peut être portée à la connaissance des copropriétaires par différents modes. Des solutions strictement limitatives sont prévues par l'article 63 du décret du 17 mars 1967.

En premier lieu, la convocation peut s'effectuer par lettre recommandée avec demande d'avis de réception. L'adresse de réception doit, à l'évidence, être connue du syndic. A cet effet, il est tenu d'établir une liste des copropriétaires mentionnant leur domicile réel ou élu (D. art. 32). Tous les copropriétaires doivent y figurer, y compris le titulaire d'un droit d'usufruit ou de nue-propriété sur un lot ou une fraction de lot. Cette tâche est accomplie par le syndic lors de sa prise de fonction. Par la suite, les copropriétaires sont invités à lui signaler tout changement de domicile. A défaut, ils ne pourraient se prévaloir du fait que la convocation est parvenue tardivement (V. pour une convocation parvenue tardivement à un copropriétaire car il n'avait pas prévenu le syndic de l'ordre de réexpédition qu'il avait donné à la poste, ▪ *CA Paris, 23e ch. B, 18 mai 2000 : Administrer, oct. 2000, p. 70, obs. J.R. Bouyeure).* De la même façon, l'absence de notification officielle du changement d'adresse ne peut permettre à un copropriétaire de critiquer l'envoi de la convocation effectué par le syndic à l'ancienne adresse, même si le syndic connaissait, en fait, la nouvelle adresse par la remise d'une carte de visite (▪ *CA Paris, 8e ch. A, 6 déc. 1994, Marciano c/ Synd. copr., Villa Hondast : JCP éd. G 1995, IV, p. 652*). Dans l'hypothèse où un courrier recommandé aura été adressé à la bonne adresse, mais remis à une personne autre que celle du copropriétaire, seule l'administration des postes doit être mise en cause (le Code des postes et télécommunications oblige en effet le préposé à ne remettre les courriers recommandés avec accusé de réception qu'à la personne même du destinataire ou une personne dûment habilitée et mandatée ▪ *CA Paris, 23e ch. B, 20 sept. 2001, no 2000/14368, Synd. 89, rue de Turbigo c/ Lemée : Loyers et copr. 2002, no 95)*. Il en va tout autrement lorsque le syndic commet une erreur dans l'envoi de la convocation. Il a été ainsi jugé qu'un copropriétaire pouvait demander la nullité des assemblées auxquelles il n'avait pas pu assister, faute d'avoir reçu les convocations par suite d'une erreur commise par le syndic sur le numéro de l'arrondissement *(▪ CA Paris, 23e ch. B, 1er mars 1996 : Loyers et copr. 1996, n° 323)*. Afin de limiter les contestations inhérentes à la mise en œuvre de ce mode de convocation, le nouvel article 65 du Décret de 1967 précise que chaque copropriétaire doit « notifier au syndic son domicile réel ou élu soit en France métropolitaine si l'immeuble y est situé, soit dans le département ou le territoire d'outre-mer de la situation de l'immeuble. Les notifications et mises en demeure prévues par l'article 64 [...] sont valablement faites au dernier domicile notifié au syndic ».

En second lieu, la convocation peut être remise contre récépissé ou émargement. Cette solution est moins onéreuse mais elle est peu pratique, mis à part pour les petites copropriétés. Elle induit un déplacement du syndic ou de l'un de ses préposés pour rencontrer les copropriétaires et, de toute façon, un envoi en recommandé avec avis de réception sera toujours nécessaire pour convoquer les copropriétaires absents ou qui ne résident pas dans l'immeuble. La convocation par récépissé ou émargement est dans tous les cas utilisable même si le règlement de copropriété a prévu l'utilisation de la lettre recommandée comme seul mode de convocation. Les dispositions de l'article 63 du décret du 17 mars 1967 restent toujours applicables et admettent un tel mode de convocation *(▪ Cass. 3e civ., 12 avr. 1972 : JCP 1972. II. 17119, note E.-J. Guillot ▪ Cass. 3e civ. 23 janv. 1973 : D. 1973. IR. p. 52)*.

Hormis ces deux options, tout autre mode de convocation est exclu. Il en va ainsi pour un dépôt dans une boîte aux lettres *(▪ CA Paris, 25 sept. 1982, D. 1983. IR. p. 460, obs. F. Givord et C. Giverdon)* ; pour un envoi en lettre recommandée simple *(▪ CA Paris, 2 juill. 1993 : RD imm. 1993, p. 542, obs. P. Capoulade)* ; pour un avis placardé dans tous les bâtiments de la copropriété *(▪ CA Paris 23e ch. A, 3 mars 1999 : Administrer, juin 2000, p. 57, obs. J.R. Bouyeure)* ou pour un dépôt des lettres avec la feuille d'émargement à la loge du concierge *(▪ Cass. 3e civ., 3 juill. 1996 : Rev. loyers 1996, p. 505, note J.M. Gélinet ; RD imm. 1996, p. 605, obs. P. Capoulade et C. Giverdon ; Administrer, janv. 1997, p. 46, note P. Capoulade).* Mais le recours à un acte extra-judiciaire plutôt qu'à une lettre recommandée avec demande d'avis de réception est jugé valable (▪ *Cass. Civ. 3°, 14 févr. 1996 : Bull. cass. civ. 1996 III n° 43*).

L'absence de convocation n'est pas plus envisageable qu'une convocation non conforme aux exigences de la loi. Quelle que soit la taille de la copropriété en cause, la réunion en assemblée générale de tous les copropriétaires sans exception, sans convocation préalable, serait contraire à la règle d'ordre public formulée par l'article 17 de la loi *(Rép. min. no 8438, JO AN Q. 2 févr. 1995 : Rev. loyers 1995, p. 175).*

La preuve de la notification de la convocation revient au syndic. C'est à ce dernier, en cas de litige, de rapporter cette preuve en présentant soit la feuille d'émargement comprenant la signature du copropriétaire en face de son nom soit l'accusé de réception signé par le destinataire. Dans ce dernier cas, si le destinataire de la convocation prétend avoir reçu une enveloppe vide, c'est alors à lui de prouver ses allégations *(▪ Cass. 3e civ. 26 janv. 1979 : D. 1980. IR. n° 17, p. 148 ▪ Cass. 3° civ., 9 nov. 1994 : Bull. Civ. 1994 III n° 188).* Par contre, la preuve de la notification de la convocation ne saurait résulter de ce que le procès-verbal de l'assemblée aurait été lui valablement notifié, ni d'une mention figurant sur celui-ci, ni même des convocations à des assemblées postérieures *(▪ CA Paris, 19e ch. B, 21 janvier 1999 : Loyers et copr. 1999, n° 156).* La convocation représente un document essentiel dont l'importance se mesure au travers de son contenu. Il est donc essentiel que chaque copropriétaire soit assuré d'en recevoir notification.

B. Le contenu de la convocation

La convocation d'une assemblée doit inévitablement développer un contenu déterminé. Il appartient à la personne qui convoque - le syndic en règle générale - d'indiquer le lieu, la date et l'heure de la réunion, ainsi que l'ordre du jour et de joindre certains documents.

1. Le lieu de la réunion

L'assemblée doit se réunir, à peine de nullité, dans la commune de situation de l'immeuble (D. 1967 art. 9). Sous réserve de respecter cette règle, l'assemblée peut tout aussi bien se dérouler dans un lieu public que dans un lieu privé. Quel que soit le lieu choisi, celui-ci doit figurer sur la convocation. L'assemblée peut donc valablement délibérer chez un copropriétaire *(▪ TGI Paris, 5 avr. 1976 : D. 1976. IR. p. 308)*, chez le syndic *(▪ TGI Paris, 4 janv. 1969 : AJPI, 1970, p. 230)*, voire dans tout autre lieu dès lors qu'il se situe sur la commune de situation de l'immeuble. Pour les villes comportant des arrondissements, la réunion peut se tenir dans l'un quelconque des arrondissements de la ville. Il n'est pas nécessaire que ce soit forcément le même que celui où est situé l'immeuble *(▪ TGI Paris, 15 nov. 1975 : D. 1976. IR. p. 306)*.

Le non respect de l'exigence tenant au lieu de réunion est sanctionné par la nullité de l'assemblée, sans qu'il y ait lieu de s'attacher aux motivations qui ont pu guider ce choix. Le fait que le lieu situé en dehors de la ville de situation de l'immeuble s'avère d'accès plus commode est sans incidence. La nullité de l'assemblée est prononcée de plein droit sans que le demandeur ait à justifier d'un grief particulier *(▪ CA Paris 23e ch. 11 oct. 1996 : Loyers et copr. janv. 1997, n° 23)*.

Le principe selon lequel le lieu de la réunion de l'assemblée ne peut que se situer que dans la commune du lieu de situation de l'immeuble souffre d'un double tempérament. Tout d'abord, le règlement de copropriété peut en décider différemment et indiquer un autre lieu (D. 1967 art. 9). Toutefois le choix de ce lieu doit résulter d'une disposition expresse et suffisamment explicite du règlement de copropriété sans quoi, en présence d'une clause équivoque, la personne chargée de convoquer l'assemblée est tenue de se soumettre au principe de l'article 9 et de réunir l'assemblée dans la commune de situation de l'immeuble *(▪ Cass. 3e civ. 22 mai 1990 : D. 1991. IR. obs. C. Giverdon, J.R. Bouyeure et J. Lafond)*. Ensuite, l'assemblée peut très bien spécifier par un vote à la majorité simple de l'article 24 de la loi du 10 juill. 1965 (V. *infra*) un endroit où ultérieurement elle se réunira. Dans ce cas, rien n'empêche l'assemblée de choisir un lieu situé en dehors de la commune où se trouve l'immeuble *(▪ Cass. 3e civ., 10 juin 1970 : JCP 1970. II. 16465, note Guillot ; RTD civ., p. 796, obs. J.D. Bredin ▪ CA Grenoble, 21 févr. 1989 : Rev. Administrer, avr. 1990, p. 46 note E.-J. Guillot, RD imm. 1989, p. 251, obs. F. Givord et C. Giverdon)*. En cas de changement de lieu de réunion, le syndic doit, en l'absence d'urgence, notifier aux copropriétaires le changement de lieu de réunion en respectant le délai réglementaire de quinze jours, à moins que le règlement n'ait prévu un délai plus long (▪ *Cass. 3e civ., 26 juin 2002 : Rev. Administrer 2003, n° 351, p. 47*).

2. La date et l'heure de la réunion

La date et l'heure de la réunion sont fixées par la personne qui convoque l'assemblée, avec une totale liberté, dès lors qu'aucune précision n'apparaît à cet égard dans le règlement de copropriété. En conséquence, il est admis que l'assemblée se réunisse un dimanche (▪ *Cass. 3e civ., 22 mai 1990 : Loyers et copr. juill. 1990, n° 324 ; D. 1991, IR., p. 79, obs. C. Giverdon, J.R. Bouyeure et J. Lafond).* Dès lors que la convocation est régulière, l'assemblée doit se tenir à la date convenue et un copropriétaire n'est pas en droit, même par courrier, d'exiger un report pour convenance personnelle (▪ *CA Paris, 2 juill. 1993 : RD imm. 1993, p. 542, obs. P. Capoulade et C. Giverdon).*

3. L'ordre du jour de l'assemblée

L'ordre du jour est établi par celui qui est habilité à convoquer l'assemblée, à savoir dans la grande majorité des cas, le syndic. Il peut établir l'ordre du jour avec le concours des membres du conseil syndical mais il ne s'agit pas d'une obligation légale. Il peut donc tout aussi bien l'élaborer seul.

Les règles à respecter en matière d'ordre du jour ne posent guère de difficulté. L'article 9 du décret du 17 mars 1967 dispose que l'ordre du jour « précise chacune des questions soumises à la délibération de l'assemblée ». Partant, la simple lecture de ce texte enseigne que l'assemblée ne peut valablement délibérer que sur des questions distinctes, pouvant faire l'objet d'un vote séparé. Les questions doivent être suffisamment explicites car la finalité de toute question formulée sur l'ordre du jour est de faire l'objet d'un vote séparé. L'ordre du jour ne doit donc pas comporter de questions implicites (▪ *Cass. 3e civ., 6 juill. 1994 : Bull. civ. III 1994, n° 142 ; Rev. Administrer oct. 1994, p. 51, obs. P. Capoulade* ▪ *CA Paris 19e ch., 17 mai 1994 : RD imm. 1994, p. 495, obs. C. Giverdon).* L'article 13 alinéa 2 du décret de 1967, dans sa nouvelle rédaction, précise toutefois que l'assemblée peut, en outre, « examiner sans effet décisoire toutes questions non inscrites à l'ordre du jour ».

La jurisprudence vérifie le degré de précision des questions portées à l'ordre du jour et annule fréquemment les mentions vagues. Ainsi, les formules suivantes portées sur l'ordre du jour ont été jugées trop imprécises : « problèmes des parties communes » (▪ *TGI Paris 22 mars 1975 : D. 1976. IR. p. 65)* ; « la question relative à la cave à eau » (▪ *CA Paris, 22 janv. 1980 : inf. rap. copr. 1980, p. 150*) ; « suite à donner au refus du copropriétaire de procéder à la modification de son lot » alors qu'il n'était pas précisé « chiffres et justifications à l'appui » en quoi consistaient la modification (▪ *TGI Paris 8e ch., 6 déc. 1983 : Rev. Administrer, juin 1984, note Lot)* ; « l'étude d'une question », en l'occurrence l'installation d'un chauffage (▪ *Cass. 3e civ., 14 févr. 1984 : D. 1984. IR., p. 407, obs. C. Giverdon)* ; « questions diverses pouvant avoir un rapport avec l'expropriation » (▪ *CA Versailles, 30 juin 1995 : D. 1997, somm. 11, obs. C. Atias)* ; « décision à prendre compte tenu du changement d'assurance » (▪ *CA Paris 23e ch. A, 15 mai 1996 : Loyers et copr. août-sept. 1996, n° 368)* ; « problème de fermeture des terrasses ou balcons - décision définitive à prendre » (▪ *Cass. 3e civ. 17 déc. 1997 : Bull. civ. III 1997, n° 229 ; AJDI 1998, p. 361, note P. Guitard ; RD imm. 1998, p. 131, note P. Capoulade ; JCP éd. N 1998, n° 25, p. 970, note D. Sizaire).* Il est peu fréquent de trouver des décisions qui valident des formules vagues. Ces décisions isolées ne gomment pas cependant l'obligation de précision qui doit s'attacher aux questions soumises à délibération. La question relative à la « fermeture de l'immeuble » a été considérée comme « suffisante pour informer les copropriétaires de l'objet du débat », à savoir modifier les heures de fermeture (▪ *Cass. 3e civ. 17 juin 1997 : RD imm. 1997, p. 483, obs. P. Capoulade et C. Giverdon)* ainsi que celle portant sur le renouvellement du conseil syndical sans faire mention de la liste des candidats à ce conseil (▪ *TGI Lyon 5 janv. 1983 : Rev. Administrer juill-août 1983, p. 30, note E. J. Guillot*).

Il n'est pas imposé de mentionner à la suite de chaque question la majorité à laquelle la délibération doit être adoptée (▪ *Rép. Min.* 11 déc. 1995 : *JOAN*, p. 5260). Certains syndics font cependant figurer une telle information. Dans un souci de transparence et d'une meilleure compréhension des engagements des copropriétaires, cette pratique ne peut que recevoir une entière approbation. Cette obligation de séparer chaque question soumise à délibération est appréciée strictement par la jurisprudence. Elle interdit tout vote groupé sur plusieurs questions, y compris sur des questions voisines (▪ *Cass. 3e civ. 11 mars 1998 : Bull. civ. III 1998, n° 60 ; RD imm. 1998, p. 294, obs. P. Capoulade).*

Il arrive que l'ordre du jour comporte une mention relative à des « questions diverses ». Une telle mention n'est pas interdite en soi, bien qu'elle aille quelque peu à l'encontre de la philosophie des textes qui recommandent un maximum de clarté et de précision de l'ordre du jour. Dans l'hypothèse où des questions diverses sont portées à l'ordre du jour, il est convenu de ne pas les soumettre à un vote *(▪ Rép. Min. n° 24588, JOAN 1983, p. 1542 : Rev. Loyers 1983, p. 288 ; JCP éd. N 1983, prat. n° 5892)*. Celui-ci ne serait pas valable. Il a été jugé à cet égard qu'il n'était pas possible de prendre valablement des dispositions à l'occasion de l'examen de « questions diverses » ou de « questions d'administration courante » dont le détail n'a pas été précisé à l'ordre du jour *(▪ CA Paris, 8e ch. A, 7 avr. 1998 : Loyers et copr. 1998, n° 308 ▪ Cass. civ. 3, 29 janv. 2003, Bull. civ. III 2003, n° 22)*. En somme, si la pratique des questions diverses n'est pas interdite, elle doit se limiter à un échange de vues entre les copropriétaires, exclusif de tout vote.

La nouvelle rédaction de l'article 13 alinéa second du décret du 17 mars 1967 permet à l'assemblée d'examiner « sans effet décisoire toute question non inscrite à l'ordre du jour », soit au titre des « questions diverses ». A l'évidence, ces débats ne peuvent déboucher sur un vote valable engageant l'assemblée.

L'ordre du jour peut être complété en conséquence des questions supplémentaires portées à la connaissance du syndic. En effet, tout copropriétaire ou le conseil syndical, s'il en existe un, peut désormais demander à la personne qui a convoqué l'assemblée générale d'inscrire de nouvelles questions à l'ordre du jour (D. 1967 art. 10 ; cf. *infra*). Il doit s'agir de véritables questions (▪ *CA Paris, 23e ch. B, 4 juill. 2002, Synd. copr. 73/79, avenue Philippe Auguste, à Paris c/ Marnani : Loyers et copr. 2002, n° 289)* formulées avec précision *(▪ Cass. 3e civ., 29 janv. 2003 : Rev. loyers 2003, p. 326, Rev. Administrer 2003, n° 354, p. 56*). L'ancien mécanisme de l'ordre du jour complémentaire qui n'entrait en application qu'à compter de la convocation est ainsi supprimé au profit d'une possibilité de complément « à tout moment ». Le syndic n'est pas pour autant dispensé d'inscrire à l'ordre du jour les questions qui lui sont notifiées, dès lors qu'elles le sont en temps utile. Il pourrait voir sa responsabilité engagée s'il ne tenait pas compte de ces demandes.

4. Les documents à joindre

La réunion d'une assemblée a pour fonction principale de permettre des délibérations collectives et démocratiques sur les problèmes concernant la vie de la copropriété. Cet objectif ne saurait être pleinement réalisé sans une information fiable des copropriétaires. Leur vote doit être éclairé par la communication d'un certain nombre de documents que la réglementation impose de notifier « au plus tard en même temps que l'ordre du jour » (D. 1967 art. 11). L'article 13 décret de 1967 renforce d'ailleurs cette obligation en précisant que « l'assemblée ne délibère que sur les questions inscrites à l'ordre du jour et dans la mesure où les notifications ont été faites conformément aux dispositions » légales.

Le nouvel article 11 du décret de 1967, applicable depuis le 1er septembre 2004, distingue désormais deux sortes de documents à notifier : ceux nécessaires à la validité de la décision prise en assemblée et ceux qui assurent une information complémentaire aux copropriétaires. Ces documents doivent être notifiés au plus tard en même temps que l'ordre du jour. Ils peuvent donc parvenir aux copropriétaires à l'occasion de la convocation à l'assemblée générale ou d'un envoi séparé préalable. Quel que soit le moment de cet envoi, le syndic doit s'en réserver la preuve. Dans l'hypothèse où il serait réalisé distinctement de la convocation, il doit respecter les mêmes conditions de forme (lettre recommandée avec avis de réception). On notera également que les assemblées étant autonomes, les documents notifiés lors d'une précédente assemblée ne peuvent justifier la régularité d'une décision prise lors d'une assemblée ultérieure (▪ *Civ. 3e, 2 oct. 2001 : AJDI 2001 p. 991 obs. P. Capoulade* ; *contra* ▪ *CA Paris, 26 sept. 2002 : Loyers et copr. 2003 n° 41*).

En raison de l'autonomie de chaque assemblée générale il sera nécessaire de joindre aux envois réalisés dans le cadre d'une seconde convocation d'assemblée générale les documents qui ont été joints à l'ordre du jour de la première assemblée qui ne s'est pas tenue (▪ *Cass. 3 e civ., 2 oct. 2001 : Loyers et copr. 2002, no 18, AJDI 2001, p. 991*).

Tous documents utiles au respect des règles de convocation de l'assemblée générale sont entre les mains du représentant légal du syndic qu'est le syndic (D. 1967 art. 33). En cas de changement de syndic de copropriété, l'ancien syndic a l'obligation de transmettre à son successeur les documents et archives de l'immeuble et du syndicat (L. 1965 art. 18-2). Le décret du 27 mai 2004 a formalisé cette transmission par l'instauration d'un bordereau récapitulatif (D. 1967 art. 22).

A) Les documents nécessaires à la validité de la décision

L'article 11 I nouveau du Décret de 1967 fait rentrer dans cette catégorie des documents obligatoires, dont la liste est limitative, neuf éléments. En leur absence, la nullité des résolutions peut être demandée par tout copropriétaire, sans qu'il soit utile de démontrer une atteinte particulière aux intérêts du demandeur à l'annulation *(• Cass. 3e civ., 14 janv. 1998 : RD imm. 1998, p. 292, obs. P. Capoulade et C. Giverdon ; Rev. Administrer, avr. 1998, p. 44, note J.R. Bouyeure).*

Les deux premiers documents devant être communiqués se rattachent aux décisions comptables, « lorsque l'assemblée est appelée à approuver les comptes », les autres concernent les décisions destinées à approuver un contrat, un devis ou un marché, certaines résolutions et celles devant se prononcer sur une question liée au rapport de l'administrateur provisoire désigné en justice lorsque l'équilibre financier du syndicat paraît gravement compromis.

1°) Les documents liés aux décisions comptables

L'article 11 I 1° du décret du 17 mars 1967, dans l'hypothèse où l'assemblée est appelée à approuver les comptes, impose de notifier « l'état financier du syndicat des copropriétaires et son compte de gestion général ». Ces documents sont présentés avec le comparatif des comptes de l'exercice précédent approuvé, conformément aux modèles établis par le décret relatif aux comptes du syndicat des copropriétaires et ses annexes. Ils doivent permettre d'apprécier la potentialité de l'équilibre financier du syndicat au jour de leur établissement. Ils comprennent les charges et produits pour les opérations courantes et les charges et produits pour les travaux hors budget ainsi que les opérations exceptionnelles (D. du 14 mars 2005 art. 2).

Lorsque l'assemblée est appelée à voter le budget prévisionnel, il est nécessaire de notifier « le projet du budget présenté avec le comparatif du dernier budget prévisionnel voté » (D. 1967 art. 11 I 2°). La présentation de ce document doit également être conforme aux nouveaux modèles établis par le décret relatif aux comptes du syndicat des copropriétaires et ses annexes.

Ces dispositions, introduites par le décret du 27 mai 2004, et précisées par le décret relatif aux comptes du syndicat des copropriétaires en date du 14 mars 2005, (complété par un arrêté de même date du ministre de l'Emploi, du travail et de la Cohésion sociale, du garde des

Sceaux et du ministre chargé du Logement – JO 18 mars 2005 p. 4590) entreront en vigueur au premier janvier 2006 (loi n° 2005-32 du 18 janvier 2005 dite loi Borloo, de programmation pour la cohésion sociale). Jusque-là, l'absence d'une véritable comptabilité ne permettait pas le suivi des dépenses, ni leur imputation correcte sur un exercice ni la comparaison d'un exercice à l'autre. Ces nouvelles règles comptables se rapprochent de la comptabilité générale tout en étant soumises à des dispositions qui leur sont propres. En effet, la comptabilité du syndicat est notamment une comptabilité d'engagement (L. 1965 art. 14-3 ; à deux exceptions près, v. art. 3 et 4 du Décret de 2005 et l'art. 10 de l'arrêté) et de trésorerie, en partie double, mais la nomenclature des comptes du syndicat ne compte que des comptes des classes 1, 4, 5, 6 et 7 du plan comptable général.

L'article 8 du décret du 14 mars 2005 précise que les comptes arrêtés à la clôture de l'exercice font l'objet de documents de synthèse présentés aux copropriétaires et qui comprennent nécessairement l'état financier, le compte de gestion général du syndicat des copropriétaires, l'état des travaux hors budget et des opérations exceptionnelles votés non encore clôturés à la fin de l'exercice. Ces documents doivent impérativement être établis sous forme de tableaux (conformes aux modèles annexés au décret du 14 mars 2005, V. les annexes 1 à 5 de l'annexe A).

Le budget prévisionnel, qui n'avait jusque-là qu'une simple valeur informative (les appels de fonds n'étaient pas fonction de ce document mais de l'état de compte trimestriel généralement effectué à partir des dépenses payées au cours du trimestre), détermine désormais les appels de fonds concernant les dépenses courantes, sous forme de provisions pour le trimestre à venir (en l'absence de budget prévisionnel adopté par l'assemblée, le syndic, préalablement autorisé par l'assemblée générale des copropriétaires, peut appeler successivement des provisions trimestrielles égales pour chacune au quart du budget prévisionnel précédemment voté ; L. 1965 art. 43).

La preuve que ces documents ont bien été notifiés aux copropriétaires pèse sur celui qui a convoqué l'assemblée, généralement le syndic (par ex. ▪ *Cass. 3e civ., 26 oct. 1983 : JCP éd. G 1984. IV. n° 14 ; Rev. Administrer, avr. 1984, p. 42, note E.-J. Guillot).* Que la notification soit effectuée distinctement de l'ordre du jour ou que les documents soient joints en même temps, la remise de l'accusé de réception du courrier recommandé tenant lieu de réception est sans doute le moyen le plus sûr, en cas de litige, de s'acquitter de cette preuve. Il a d'ailleurs été jugé que si la convocation mentionnait expressément une pièce jointe (état des dépenses), il appartient au copropriétaire qui allègue ne pas avoir reçu cette pièce d'en apporter la preuve *(▪ CA Paris 23ᵉ ch. A, 18 déc. 1985 : inf. rap. copr. 1986, p. 70)*. En aucun cas, par contre, le syndic ne pourra se décharger de cette preuve en se référant à des documents notifiés à l'occasion d'assemblées antérieures, même la plus proche. Les assemblées sont indépendantes les unes par rapport aux autres *(▪ CA Paris 23ᵉ ch. A, 8 oct. 1997 : Loyers et copr. mars 1998, comm. n° 75 ▪ CA Paris 23ᵉ ch. A, 10 mai 1995 : D. 1998, somm. 270, note C. Atias)*.

2°) Documents joints en vue de conclure certains contrats

Pour la conclusion de certains contrats, la réglementation applicable aux assemblées de copropriétaires impose de fournir des informations aux copropriétaires. Selon les cas, l'obligation se traduit par la transmission des conditions essentielles du contrat, auxquelles vient s'ajouter, parfois, la notification du projet de résolution et l'avis du conseil syndical.

- L'obligation de fournir les conditions essentielles du contrat

L'article 11 3 du décret du 17 mars 1967 vise une série de situations pour lesquelles les conditions essentielles du contrat proposé doivent être jointes, ce qui ne saurait revenir à communiquer le contrat en son entier *(▪ CA Paris, 23ᵉ ch. A, 18 mars 1992 : Loyers et copr. 1992, n° 270)*. Il s'agit des contrats, devis et marchés, « notamment pour la réalisation de travaux ». L'emploi du terme « notamment » laisse entendre que d'autres contrats que ceux relatifs à la réalisation de travaux peuvent être concernés. Il en ira ainsi des contrats inhérents aux divers services dont profite la copropriété. Mais on ne saurait faire entrer dans cette catégorie de contrats, pour lesquels un appel à concurrence est envisageable, ceux par ailleurs visés par l'article 11 du décret de 1967 à savoir le contrat du syndic et les conventions visées par l'article 39 du même décret conclues avec le syndicat par certaines personnes. Les débats parlementaires laissent en ce sens entendre que le législateur a eu en vue les seuls marchés de travaux et les contrats de fournitures pour lesquels il convenait de renforcer la transparence (Rép.min. n° 70894 JOAN Q, 11 mars 2001 p. 1457).

En ce qui concerne, en premier lieu, les contrats relatifs à des travaux, le contenu de l'obligation tenant à fournir les conditions essentielles du contrat relève de l'appréciation souveraine des juges.

Ceux-ci s'attachent, en pratique, à vérifier que les copropriétaires « ont pu donner leur avis et voter en suffisante connaissance de cause » *(▪ CA Paris 23e ch., 7 mai 1991 : Loyers et copr. 1991, n° 317)*. Partant, il est généralement convenu que les éléments suivants soient communiqués aux copropriétaires : état précis des travaux à exécuter avec précision de la qualité et du prix des matériaux utilisés ; devis suffisamment détaillés (afin de pouvoir comparer les différentes solutions) ; conditions financières proposées ; conditions d'exécution. Ainsi, il a été jugé que les copropriétaires devaient être informés de la qualité et des prix des matériaux de même que des conditions proposées pour leur permettre de les comparer *(▪ TGI Paris, 20 mai 1977 : D. 1978. IR. p. 121 ▪ CA Paris, 23e ch. 19 janv. 1994 : Loyers et copr. 1994, n° 258)*. Les devis doivent être précis et l'enveloppe financière parfaitement définie *(▪ CA Paris, 1re ch., section urgences, 18 avr. 1985 : Inf. immob., juill.-août 1985, p. 8)*. Cette condition financière n'est évidemment pas réalisée lorsque le document se contente d'indiquer le coût global des travaux *(par ex. pour une décision où l'ordre du jour indiquait « réfection du réseau d'égouts : coût 550 000 F » sans se référer à un devis et sans même préciser comment ce coût avait été calculé, ▪ CA Paris, 18 févr. 1987 : RD imm. 1987, p. 284, obs. F. Givord et C. Giverdon)*. Concernant les conditions d'exécution des travaux, le fait de ne pas indiquer dans un devis, le nom de l'entrepreneur et la durée du chantier est source de nullité du vote *(▪ CA Aix, 7 juin 1977 : Bull. Aix 77-3, n° 238, p. 74)*.

L'obligation de notification des conditions essentielles du contrat subit parfois des limites posées par la jurisprudence. Des décisions semblent prendre quelques largesses avec ce principe de notification. En réalité, il faut les considérer comme limitées à des situations particulières où le critère de l'information des copropriétaires, nécessaire à un vote en pleine connaissance de cause, était respecté pour le juge. Par exemple, le syndic n'est pas forcément obligé de joindre plusieurs devis pour s'assurer du respect de l'article 11 3° du décret du 17 mars 1967, même, si sur un plan général, la consultation de plusieurs entreprises est souhaitable. Ainsi, il a été jugé, relativement à des travaux incombant au syndicat, que la communication d'un seul devis était suffisante suite à l'approbation du conseil syndical *(▪ Cass. 3e civ., 3 juill. 1996 : RD imm. 1996/4, p. 607, obs. P. Capoulade et C. Giverdon ; Inf. rap. copr., oct. 1997, p. 18, note M.-F. Ritschy)*. Il a été aussi jugé que la présentation d'un rapport de synthèse des devis, établi par l'architecte de la copropriété, qui comportait une proposition des meilleurs devis pour chaque prestation envisagée ainsi que des observations techniques, respectait également les conditions de l'article 11 3 du décret de 1967 (par ex. ▪ *CA Paris, 23ᵉ ch., 27 mars 1992, Loyers et copr. juin 1992, n° 270).* Dans ce sens, la cour de cassation a même jugé qu'un projet succinct était suffisant, s'agissant d'autoriser des copropriétaires à effectuer des travaux à leurs frais *(▪ Cass. 3ᵉ civ., 22 nov. 1994 : AJPI, 1994, p. 215, obs. P. Guitard ; RD imm. 1995, p. 160, obs. P. Capoulade).*

Lorsqu'un appel à concurrence est envisagé relativement aux contrats proposés (cf. L. 1965 art. 21), les contrats eux-mêmes devront être adressés aux copropriétaires. Le pluriel s'impose en la matière dans la mesure où les copropriétaires peuvent exiger du syndic de présenter au minimum deux devis pour des travaux et contrats dont le montant dépasse un seuil fixé par ailleurs par décision d'assemblée. Lorsque l'assemblée n'a pas fixé les conditions de la mise en concurrence pour les marchés de travaux et les contrats de fournitures, le décret du 27 mai 2004 est venu préciser que celle-ci résulte de la demande d'une pluralité de devis ou de l'établissement d'un devis descriptif soumis à l'évaluation de plusieurs entreprises (D. 1967 art. 19-2).

La notification portera également sur le projet de contrat en son entier lorsqu'il s'agit du contrat du syndic (D. 1967 art. 11 4°). Ce contrat doit préciser sa durée (de trois ans maximum suivant les termes de l'article 28 du décret du 17 mars 1967. La mention de celle-ci est imposée à peine de nullité pour les contrats conclus par les professionnels de l'immobilier soumis à la loi dite loi Hoguet n° 70-9 du 2 janv. 1970, art. 7), sa date de prise d'effet ainsi que les éléments de détermination de la rémunération du syndic (la simple référence à un tarif « légal » n'est pas suffisante ▪ *CA Douai, 15 nov. 1994 : Ann. Loyers 1996, p. 1419* ; *sur le caractère obligatoire de la fixation de la rémunération du syndic V.* ▪ *Civ. 3, 12 juin 1991 : RDI 1991, p. 385, obs. Capoulade et C. Giverdon*). Le syndic ne peut « demander, ni recevoir, directement ou indirectement d'autres rémunérations à l'occasion des opérations de gestion immobilière, que celles dont les conditions de détermination sont précisées dans le contrat ou dans la décision de nomination » *(en ce sens également ▪ Civ. 3, 12 juin 2002 : Loyers et copr. 2002, n° 244).* D'après un arrêté n° 86-63 du 2 décembre 1986 (BOCCRF 3 déc. 1986, n° 23 ; Administrer déc. 1986 p. 17), « un décompte détaillé des honoraires auxquels peut prétendre le syndic doit être fourni à l'assemblée générale des copropriétaires et faire ressortir le montant total des honoraires, ainsi que la répartition selon les différents types de rémunération : honoraires de gestion courante et autres honoraires de gestion le cas échéant, assiette des honoraires à percevoir en cas de travaux exceptionnels et autres honoraires pour prestations particulières notamment ». Les honoraires correspondant à la gestion courante de la copropriété recouvrent les tâches telles que celles inhérentes à la réunion de l'assemblée générale annuelle, à l'établissement des comptes de charges courants (sur les sommes correspondant à des actes de gestion courante *V.* ▪ *CA Paris, 16 janv. 2003 : Loyers et copr. 2003, n° 121)* et ceux dûs au titre des prestations particulières concernent notamment le recouvrement des charges impayées et la tenue de l'assemblée générale extraordinaire. La recommandation n° 96-01 du 17 novembre 1995 (BOCCRF 24 janv. 1996) émise par la commission des clauses abusives recommande que soient éliminées les clauses qui ont pour objet ou pour effet de restreindre la notion de gestion courante par l'accumulation de prestations particulières et d'éviter le recours à la rubrique « divers ». Le contrat de syndic doit également déterminer les conditions d'exécution de la mission du syndic en conformité avec les dispositions des articles 14 et 18 de la loi de 1965 (D. 1967 art. 29) relatifs au syndicat de copropriété et aux attributions du syndic. Le contrat de mandat du syndic ainsi structuré sera adopté en même temps que la désignation du syndic (décision unique). Aussi, le nom du mandataire fait partie intégrante du contrat de syndic.

Un projet ou une convention global devra également être adressé aux copropriétaires lorsqu'il s'agit de voter relativement au projet de convention ou à la convention conclue entre le syndicat et le syndic en place ou ses préposés, parents ou alliés jusqu'au troisième degré inclus, la personne liée à lui par un pacte civil de solidarité ou ceux de son conjoint au même degré (D. 1967 art. 39 al. 1), ou le projet ou la convention passée entre le syndicat et une entreprise dont les personnes ci-avant mentionnées sont propriétaires ou détiennent une participation dans son capital ou dans lesquelles elles exercent des fonctions de direction ou de contrôle ou dont elles sont salariées ou préposées (D. 1967 art. 39 al. 2). On ne peut davantage se contenter d'une notification des seules conditions essentielles lorsque l'assemblée est appelée à se prononcer sur la création ou la modification de dispositions du règlement de copropriété, de l'état descriptif de division ou de l'état de répartition des charges (D. 1967 art. 11 6°).

- L'obligation de fournir un projet de résolution

Outre la notification des éléments essentiels du contrat, ou du contrat lui même, l'article 11 6° du décret de 1967 impose, dans certains cas la transmission aux copropriétaires d'un projet de résolution.

L'obligation de fournir un projet de résolution concerne les modalités de versement des dépenses du budget prévisionnel (L. 1965 art. 14-1), l'exigibilité des sommes afférentes aux dépenses non comprises dans ce budget (L. 1965 art. 14-2), la décision de ne pas ouvrir un compte séparé (L. 1965 art. 18 al. 7), la décision relative aux travaux d'accessibilité de l'immeuble aux personnes handicapées ou à mobilité réduite (L. 1965 art. 24 al. 2 et 3), les décisions visées à l'article 25 de la loi du 10 juillet 1965, la détermination des périodes de fermeture totale de l'immeuble (L. 1965 art. 26-2), les décisions afférentes aux travaux d'amélioration comme la répartition des coûts des travaux, indemnités et dépenses de fonctionnement, d'entretien et de remplacement des parties communes ou éléments transformés ou créés (L. 1965 art. 30 al. 1 à 3), la surélévation ou la construction de bâtiment aux fins de créer de nouveaux locaux à usage privatif (L. 1965 art. 35), certaines décisions concernant les conventions relatives à l'exercice d'un droit accessoire aux parties communes (L. 1965 art. 37 al. 3 et 4), les décisions touchant les améliorations ou additions après reconstruction (L. 1965 art. 39).

Pour les cas où l'assemblée est appelée à se prononcer sur une demande formée par un copropriétaire concernant des travaux affectant les parties communes ou l'aspect extérieur de l'immeuble (L. 1965 art. 25 b), on peut relever que cette obligation est en règle générale moins stricte que l'exigence tenant au fait de fournir les éléments essentiels du contrat. En effet, la Cour de cassation n'impose pas obligatoirement de joindre au projet de résolution un descriptif et un plan des travaux, même si un projet succinct est recommandé *(▪ Cass. 3e civ., 6 juill. 1994 : Loyers et copr. 1994, n° 355 ; Rev. Administrer janv. 1995, p. 56 ▪ Cass. 3e civ., 22 nov. 1994, pourvoi n° 92-21.367)*.

S'agissant de la réalisation de travaux de surélévation ou de construction de nouveaux bâtiments à usage privatif (L. 1965 art. 35), il a été ainsi jugé que la simple mention « travaux de surélévation - projet soumis par le lot n° 6 » portée sur l'ordre du jour ne pouvait équivaloir au « projet de résolution exigé par l'article 11 5 du décret de 1967 *(▪ Cass. 3e civ., 5 juill. 1980 : Bull. civ. III 1980, n° 155, p. 85)*.

En toutes hypothèses, il convient que le projet de résolution soit rédigé en termes suffisamment clairs. A défaut, la résolution serait nulle (par ex. autorisation donnée à un syndic d'assigner un copropriétaire sans que ni l'ordre du jour ni le projet de résolution n'aient été versés aux débats, ▪ *CA Paris, 23e ch. 11 oct. 1979 : D. 1980. IR. p. 276, obs. C.*

Giverdon). La cour de cassation a même considéré, dans un souci sans doute excessif de formalisme, que le projet de résolution devait faire l'objet d'un document distinct de l'ordre du jour, quand bien même celui-ci ne ferait que rependre celui-là *(▪ Cass. 3e civ., 5 juill. 1989 : JCP 1989. IV. p. 337 ; Loyers et copr. oct. 1989, n° 452).*

- Documents liés à l'établissement ou à la modification d'actes intéressant la copropriété

Si l'assemblée est appelée à établir ou à modifier un règlement de copropriété, un état descriptif de division ou un état de répartition des charges, ces documents doivent obligatoirement être adressés aux copropriétaires au plus tard en même temps que l'ordre du jour. Il en sera ainsi lorsque l'assemblée est appelée à se prononcer :

- sur la destination des parties privatives et/ou des parties communes
- sur les conditions de la jouissance des parties privatives et/ou des parties communes
- sur les règles d'administration des parties communes
- sur les éventuelles conventions visées à l'article 37 de la loi de 1965 par lesquelles un propriétaire ou un tiers se réserve l'exercice de l'un des droits accessoires aux parties communes autre que le droit de mitoyenneté
- sur la modification des règles inhérentes à la répartition des charges
- sur la réalisation de travaux ou la conclusion d'actes d'acquisition ou de disposition rendant nécessaire la modification de la répartition des charges

- Projets de résolution

Outre les projets de résolution attachés à la réalisation de certains travaux (cf. infra), il sera nécessaire de communiquer aux copropriétaires les projets de résolution concernant :

- la décision de verser des provisions de charges selon d'autres modalités que celles prévues par l'article 14-1 alinéa 2 de la loi de 1965 qui pose le principe du versement de provisions égales au quart du budget voté.

- La décision de fixer la date d'exigibilité de chaque provision à un autre moment que le premier jour de chaque trimestre (tel que prévu par l'article 14-1 alinéa 3 de la loi de 1965).

- La décision d'ouvrir un compte bancaire ou postal séparé. A ce titre on précisera que dans l'hypothèse où l'immeuble n'est pas administré par un professionnel soumis à la loi Hoguet en date du 2 janvier 1970 (tel qu'un copropriétaire), toutes sommes par lui reçues au nom et pour le compte du syndicat « doivent être versées sans délai à un compte bancaire ou postal ouvert au nom du syndicat » (D. 1967 art. 38). Il n'y a donc pas lieu dans un tel cas de figure de soumettre à l'assemblée un projet de résolution relatif à l'ouverture ou à la non ouverture d'un compte séparé. Celle-ci s'impose sans dérogation possible. Hors de ce cas particulier, le projet de résolution relatif à l'ouverture ou à l'absence d'ouverture d'un compte séparé devra être présenté à l'assemblée lors de la première désignation du syndic puis à l'occasion de son renouvellement ou de la désignation d'un nouveau syndic et cela, alors même qu'un compte serait déjà ouvert au nom du syndicat *(• Civ. 3, 15 déc. 1993 : Bull. civ. III 1993, n° 172 p. 114).* En cas de résolution en faveur de l'ouverture d'un compte séparé, il appartiendra au syndic de préciser aux copropriétaires qu'il leur incombe de désigner l'établissement financier auprès duquel ce compte sera ouvert.

- La détermination des plages horaires durant lesquelles les portes de l'immeuble, munies d'un dispositif de fermeture, sont totalement closes.

- La décision de s'opposer à l'exercice, par un copropriétaire ou un tiers, de l'un des droits accessoires visés à l'article 3 de la loi autre que le droit de mitoyenneté (L. 1965 art. 37 alinéa 3).

- La passation de toute convention portant réserve de l'un des droits accessoires visés à l'article 3 de la loi autre que le droit de mitoyenneté (L. 1965 art. 37 alinéa 4).

- La décision tendant à autoriser le syndic à introduire une action en justice. On rappellera ici que le syndic (sauf exceptions limitées prévues à l'article 55 al. 2 du décret du 17 mars 1967) ne peut agir en justice au nom du syndicat sans y avoir été autorisé par une décision d'assemblée. A défaut, la demande qu'il formera en justice sera irrecevable. Il importe donc de libeller correctement le texte de l'autorisation donnée au syndic, de préférence en accord avec l'avocat chargé de mener la procédure. Dans le cas particulier où autorisation est donnée au syndic de mettre en œuvre la procédure de saisie en vue de la vente d'un lot, elle doit l'être avant la signification du commandement et doit déterminer le montant de la mise à prix.

On rappellera que les projets de résolution sont à distinguer des questions soumises à délibération de l'assemblée et qui doivent apparaître dans l'ordre du jour adressé par ailleurs par le syndic (D. 1967 art. 9). Si ces questions doivent apparaître à l'ordre du jour, les projets de résolutions imposées par la loi relèvent des notifications complémentaires indispensables à la validité de la convocation.

- **Conclusions du rapport de l'administrateur provisoire dans le cadre d'une copropriété en difficulté**

Dans le cas d'une copropriété en difficulté, le président du tribunal de grande instance désigne un administrateur provisoire (D. 1967 art. 62-1 et s.). S'il préconise, par rapport écrit, que certaines questions doivent être soumises à l'assemblée générale, il convient de joindre les conclusions du rapport à la convocation de l'assemblée lorsqu'elle est appelée à statuer sur une question dont la mention à l'ordre du jour résulte de ces conclusions (D. 1967 art. 11 7° et 62-14).

b) Les documents nécessaires à l'information des copropriétaires

L'article 11 du décret de 1967 prévoit désormais une liste de documents à annexer à la convocation dans le seul but d'assurer l'information des copropriétaires. Ces documents, au nombre de trois, correspondent aux annexes au budget prévisionnel, à l'état détaillé des sommes perçues par le syndic au titre de sa rémunération et à l'avis rendu par le conseil syndical lorsque sa consultation est obligatoire, en application du deuxième alinéa de l'article 21 de la loi du 10 juillet 1965. Leur contenu ne fait pas l'objet d'un vote par l'assemblée des copropriétaires et la loi n'a pas expressément prévu la sanction du défaut de leur notification. On peut toutefois penser que les juges en condamneront l'absence dès lors qu'elle n'aura pas permis aux copropriétaires d'être pleinement informés avant d'exprimer leur volonté au travers d'un vote.

Afin de compléter encore davantage l'information des copropriétaires, l'article 18-1 de la loi de 1965 leur ouvre un droit de communication particulier relativement aux comptes annuels. En effet, pendant le délai s'écoulant entre la convocation de l'assemblée générale appelée à connaître les comptes et la tenue de celle-ci, les pièces justificatives des charges de copropriété, les contrats de fournitures et d'exploitation en cours et leurs avenants ainsi que la quantité consommée et le prix unitaire ou forfaitaire de chacune des catégories de charges, sont tenus à la disposition de tous les copropriétaires par le syndic au moins un jour ouvré, selon les modalités définies par l'assemblée générale. Il appartient donc au syndic de faire statuer sur les modalités de cette consultation. Lorsque l'assemblée ne se sera pas encore prononcée sur cette question, il est admis que le syndic doit tenir les pièces en cause à la disposition des copropriétaires *(▪ Civ. 3, 4 janv. 1991 : Loyers et copr. 1991 n° 139).* Lorsque l'assemblée se sera prononcée, la convocation doit rappeler les modalités de consultation de ces pièces justificatives (D. 1967 art. 9). Cette consultation ne peut être subordonnée au paiement d'honoraires au syndic (▪ *CA Paris, 23 janv. 2002 : AJDI 2002 p. 385).*

On signalera qu'en outre les représentants des associations de locataires (art. 44 de la loi n° 86-1290 du 23 décembre 1986) ont pour leur part accès aux différents documents concernant la détermination et l'évolution des charges locatives dans les conditions qui seront arrêtées en accord avec le syndic.

C. Le délai de convocation

La réunion de l'assemblée ne peut se faire qu'à l'issue d'un délai de quinze jours après la notification de la convocation. Ce délai fixé par l'article 9 alinéa 2 du décret du 17 mars 1967 est d'ordre public. En conséquence, il ne saurait être raccourci et la jurisprudence annule régulièrement les délibérations des assemblées lorsqu'un tel délai n'est pas respecté. L'assemblée réunie avant l'épuisement de ce délai est automatiquement frappée de nullité sans qu'il y ait lieu, pour le demandeur, de se prévaloir d'un quelconque préjudice (par ex. ▪ *Cass. 3e civ. 14 juin 1984 : Rev. Administrer, févr. 1985, note E. J. Guillot).* Le fait que le copropriétaire qui conteste la validité de l'assemblée, y assiste et participe au vote est même indifférent (V. pour une assemblée réunie quatorze jours après l'envoi de la convocation, ▪ *Cass. 3e civ. 17 avr. 1991 : Gaz. Pal. 24-25 juin 1991 ; Rev. huissiers 1991, p. 524).* Toutefois, dans l'hypothèse où un copropriétaire demande la nullité d'une résolution votée par l'assemblée en raison du non respect du délai de convocation, le juge peut limiter le prononcé de la nullité à cette seule résolution *(▪ CA Paris, 23e ch. A, 1er déc. 1993 : Rev. Administrer, juin 1994, p. 55).*

Le principe du délai de convocation de quinze jours peut, en vérité, recevoir quelques aménagements mais ceux-ci sont limités.

En premier lieu, le règlement de copropriété peut prévoir un délai plus long.

En second lieu, le délai peut être abrégé. Il en va ainsi tout d'abord en cas d'urgence. Aucun seuil n'est alors imposé par la loi mais il convient que les copropriétaires disposent d'un temps minimal de réflexion *(▪ CA Paris, 23e ch., B, 7 mars 1997, Loyers et copr. 1997, n° 210)*. L'urgence est appréciée au cas par cas par le juge, si l'assemblée est contestée. En effet, le syndic n'est pas tenu de la justifier dans la convocation elle-même *(▪ CA Paris 19e ch., A 15 déc. 1997 : Loyers et copr. juin 1998, n° 16)*. C'est donc souverainement que les juges ont pu estimer qu'il y avait urgence à convoquer l'assemblée en présence d'un risque de rupture d'une canalisation de chauffage *(▪ Cass. 3e civ., 1er avr. 1992 : Rev. Administrer, janv. 1993, p. 31, obs. E.-J. Guillot)* ou en raison de travaux nécessités par la conservation de l'immeuble *(▪ TGI Paris, 8e ch., 25 juin 1980 : Loyers et copr. 1981, n° 281 ; D. 1981, IR. p. 398, obs. C. Giverdon)*. En revanche, il a été jugé que l'urgence ne pouvait être valablement invoquée si les travaux consistaient en un ravalement de l'immeuble *(▪ CA Paris, 23e ch. A. 8 févr. 1988 : RD imm. 1988, p. 243, obs. F. Givord et C. Giverdon ; D. 1988. IR. p. 61)*. L'urgence est de toute façon appréciée d'après les intérêts de la copropriété. L'urgence de convenance n'est pas admise. Un copropriétaire ne peut donc se prévaloir de l'urgence à titre personnel *(▪ CA Paris, 23e ch., A, 15 avr. 1992 : Rev. Administrer 1992, p. 79 ; RD imm. 1993, p. 371, obs. P. Capoulade et C. Giverdon)* et invoquer le calendrier des vacances scolaires *(▪ CA Paris, 19e ch. 24 sept. 1993 : Rev. Administrer, mars 1994, p. 57)*. Le délai peut encore être abrégé si l'assemblée fait suite à une précédente assemblée qui n'a pas réuni les conditions de majorité prévues par l'article 25 du de la loi du 10 juillet 1965, à savoir un vote à la majorité absolue (V. *infra*). Si les questions portées à l'ordre du jour de cette nouvelle assemblée figuraient sur celui de la précédente assemblée et ont fait l'objet d'un vote, le délai de convocation est alors réduit à huit jours (les notifications prévues à l'article 11 du décret du 17 mars 1967 n'ont pas à être renouvelées). Ce délai correspond à une période minimale durant laquelle l'assemblée ne peut valablement se réunir, même en cas d'urgence *(▪ CA Paris 23e ch. B., 12 mars 1987 : D. 1987, IR. p. 84)*.

La détermination du point de départ du délai de convocation est essentielle pour calculer sa durée et, partant, sa légalité. Si la convocation est notifiée par émargement, le délai court à compter du lendemain de la date de l'émargement. La date correspondant à la présentation infructueuse de la convocation par le concierge de l'immeuble qui était chargé de les remettre aux copropriétaires, ne saurait être prise en considération *(▪ CA Paris 19e ch., A, 26 juin 1995 : Loyers et copr. déc. 1995, n° 538)*. Si la convocation est envoyée par courrier recommandé, l'article 64 du décret du 17 mars 1967 dispose que le délai court « le lendemain du jour de la première présentation de la lettre recommandée au domicile du destinataire ».

§ 2. Les effets de la convocation

La convocation officielle permet aux copropriétaires, avant la réunion d'assemblée, de modifier le déroulement des débats en posant des questions supplémentaires (A). Plus généralement, l'importance de la convocation se mesure au travers des sanctions applicables en cas de non-respect des règles légales (B).

A. La possibilité d'inscrire une question supplémentaire

Jusqu'au premier septembre 2004, date d'entrée en vigueur du décret du 27 mai 2004, tout copropriétaire, ou le conseil syndical, pouvait demander à la personne qui avait convoqué l'assemblée générale d'inscrire de nouvelles questions à l'ordre du jour. Pour ce faire, il devait notifier à l'auteur de la convocation les questions dont il demandait l'inscription à l'ordre du jour, dans les six jours qui suivent la convocation (*délai impératif* ▪ *CA Paris, 6 déc. 2001 : AJDI 2002, p. 386*). La personne qui avait convoqué l'assemblée était alors tenue de notifier un état de ces questions aux membres de l'assemblée au moins cinq jours avant la date de la réunion. A défaut de respecter cette formalité, elle engageait sa responsabilité, sans que la validité des votes des autres questions s'en trouvait altérée *(▪ Cass. 3° civ, 9 juill. 1986 : Rép. Def. 1986, art. 33825, obs. Souleau)*. La résolution adoptée pouvait être frappée de nullité dès lors que les questions posées se rapportaient à celles soumises à l'assemblée *(▪ CA Paris, 2 oct. 2002 : AJDI 2002, p. 777 ▪ CA Versailles, 9 févr. 2004 : Loyers et copr. 2004, n° 132 ▪ Cass. 3° civ., 29 janv. 2003 : Rev. loyers 2003, p. 326)*.

Désormais, bien que l'ordre du jour complémentaire ait été supprimé, tout copropriétaire, ou le conseil syndical, peut notifier à tout moment au syndic, une demande tendant à inscrire une ou plusieurs questions à l'ordre du jour de la prochaine assemblée (D. 1967 art. 10).

Cette nouvelle disposition permet d'éviter la précipitation due à la brièveté des délais de notification de l'ordre du jour complémentaire antérieurement prévus. Aussi le syndic pourra-t-il prendre le temps de demander à l'auteur de la question supplémentaire la communication de toutes pièces utiles et, si l'état d'avancement de la préparation de la convocation à l'assemblée générale ne permet pas l'inscription de cette question à l'ordre du jour, attendre l'assemblée suivante pour la faire figurer. En l'absence de délai précis fixé par la loi, il appartiendra aux tribunaux de déterminer à partir de quand la notification d'une question supplémentaire doit être considérée comme tardive de telle façon qu'elle ne puisse pas être inscrite à l'ordre du jour de la prochaine assemblée générale. La forme de la notification supplémentaire, non précisée par le nouveau texte, semble devoir être celle indiquée à l'article 64 du décret du 17 mars 1967 qui précise que toutes les notifications prévues par la loi du 10 juillet 1965 comme par son décret d'application « sont valablement faites par lettre recommandée avec demande d'avis de réception ».

B. La sanction du non respect des règles de convocation

Les règles de convocation étant d'ordre public, leur non respect entraîne des sanctions. Elles trouvent à s'appliquer aussi bien pour la convocation initiale (1) que dans le cas où le syndic refuse de prendre en compte la demande de question supplémentaire (2).

1. Le non respect des règles de convocation initiale

Le respect des règles de convocation de l'assemblée est essentiel à la bonne information des copropriétaires, aussi la jurisprudence sanctionne-t-elle fermement toute largesse prise avec les textes. Il est ainsi admis qu'une violation des dispositions des articles 9 et 11 du décret du 17 mars 1967, relatives à la convocation de l'assemblée, sera sanctionnée par la nullité sans même que le demandeur ait à se prévaloir d'un préjudice *(▪ Cass. 3e civ., 8 juill. 1980 : Rev. Administrer, déc. 1980, p. 31, note E.-J. Guillot ▪ Cass. 3e civ., 25 nov. 1998 : Bull. civ. III 1998, n° 223 ; JCP 1998, IV, 1066 ; Loyers et copr. févr. 1999, n° 46 et 56, note G. Vigneron)*. Le copropriétaire dispose alors d'un délai de dix ans pour agir en nullité (*▪ CA Paris, 23e ch. B, 1er oct. 1998 : Loyers et copr. 1999, n° 45*) mais il ne peut invoquer la violation des règles de convocation dès lors qu'il a renoncé à se prévaloir d'une irrégularité. Cet obstacle à une contestation joue uniquement si la renonciation est donnée après connaissance des faits litigieux. Ainsi le copropriétaire qui demande l'examen d'une question inscrite à l'ordre du jour, ne peut, ultérieurement, invoquer un tel défaut d'inscription pour obtenir l'annulation de l'assemblée (▪ *Cass. 3e civ., 19 juin 1973 : JCP 1973, II, 17518).*

La question s'est toutefois posée en pratique de savoir si la présence à l'assemblée et la participation au vote du copropriétaire non convoqué régulièrement (absence de convocation, convocation reçue hors délai) pouvait avoir une incidence sur la validité des décisions prises au cours de l'assemblée. Pour la cour de cassation, il ne fait aujourd'hui aucun doute que la présence d'un copropriétaire à l'assemblée ne le prive pas du droit de demander sa nullité (▪ *Cass. 3e civ., 25 nov. 1998, préc.).* La solution est toutefois limitée au cas où le dit copropriétaire est opposant à la résolution critiquée. De façon générale, en effet, seuls les copropriétaires opposants ou défaillants peuvent contester les décisions d'assemblée, y compris lorsqu'ils invoquent la violation des règles de convocation *(▪ Cass. 3e civ., 23 nov. 1983 : JCP 1984, IV, n° 36).*

2. L'absence de prise en compte des questions supplémentaires

Le syndic n'est pas juge de l'opportunité des questions nouvelles posées par les copropriétaires ou le conseil syndical. Il nous paraît donc tenu de les inscrire à l'ordre du jour dès lors qu'ils dispose de tous les éléments nécessaires à la régularité de cette inscription (cf. art. 11 du décret du 17 mars 1967) comme il était tenu de donner une suite favorable à la demande d'inscription d'un ordre du jour complémentaire avant l'intervention du décret du 27 mai 2004. A défaut, sa responsabilité personnelle ou celle du syndicat pourrait être engagée *(par ex., avant l'entrée en vigueur du décret du 27 mai 2004 ▪ CA Paris, 19e ch. 15 déc. 1995 : Loyers et copr. avr. 1996, n° 182)* à moins qu'il puisse justifier son refus. Celui-ci est admis en présence d'une demande rédigée dans des termes vagues (V. *Supra*) ou si la question nouvelle n'est pas accompagnée des documents prescrits par l'article 11 du décret de 1967 (▪ *Cass. 3e civ., 15 mars 1983 : JCP 1983, IV, 172).* Il nous paraît plus difficile de maintenir la solution qui consistait à ne pas retenir la responsabilité du syndic lorsque l'ordre du jour initial devait être complètement bouleversé par un nombre conséquent de nouvelles questions (▪ *CA Paris, 23e ch. B, 6 mai 1987 : D. 1987. IR. p. 141).* Il suffit alors au syndic d'inscrire la question en cause à l'assemblée suivante. Mais on peut imaginer que la solution qui consiste à admettre que le syndic peut ne pas inscrire les questions à l'ordre du jour, en accord avec le conseil syndical qui avait été sollicité, en raison des frais générés par la diffusion de ces questions auprès des 414 copropriétaires (1500 €) et de leur absence d'intérêt (▪ *Cass. 3e civ., 3 févr. 1999 : Loyers et copr. 1999, p. 4)* sera maintenue.

Le syndic étant tenu d'un devoir de conseil, il lui appartiendra d'indiquer au copropriétaire demandeur les moyens permettant de régulariser sa demande afin qu'elle puisse être inscrite à l'ordre du jour d'une assemblée.

En toutes hypothèses, si le syndic ne fait pas droit à la demande d'inscription de questions supplémentaires à l'ordre du jour, la nullité de l'assemblée n'est pas forcément prononcée. Ce n'est que dans l'hypothèse où le refus du syndic à une influence sur le vote des copropriétaires qu'une telle nullité peut être envisagée (▪ *Cass. 3e civ., 1er avr. 1992 : Loyers et copr. 1992, n° 313).* Le copropriétaire demandeur aura quant à lui la faculté de solliciter des dommages-intérêts s'il prouve que le refus du syndic lui a porté préjudice (▪ *CA Paris, 19e ch., 15 déc. 1995 : Loyers et copr. 1996, n° 182).*

2

Le déroulement des assemblées

Le déroulement des assemblées est strictement encadré par les textes et le respect d'une multitude de règles conditionne la validité de toute assemblée. Sans aucun doute, la prise de décision sur les résolutions inscrites à l'ordre du jour constitue l'un des moments crucial de toute assemblée (§ 2). C'est pourquoi, il convient formellement de constater les résultats obtenus (§ 3). Mais, avant d'y parvenir, des règles préalables s'imposent (§ 1).

Section 1. Les préalables au vote des résolutions

Préalablement à la décision de vote des résolutions, des règles de tenue de l'assemblée doivent être respectées. La réglementation impose de tenir une feuille de présence (§ 2) et de constituer le bureau de l'assemblée (§ 3), sachant que les copropriétaires absents ont le droit de se faire représenter (§ 1).

§ 1. La représentation à l'assemblée

Lorsqu'un copropriétaire ne peut pas assister à l'assemblée générale, il peut se faire représenter par un mandataire qu'il désigne par contrat.

A. La désignation d'un mandataire

Le copropriétaire qui ne peut assister à l'assemblée conserve toute faculté de se faire représenter (L. art. 22 al. 3). Cette solution s'impose fort logiquement en l'absence de possibilité de vote par correspondance (*Rep. Min. 6 mars 1971 : JCP N 1971, prat. 4966*). Tout copropriétaire dispose d'une grande liberté en la matière même si quelques tempéraments notables doivent être relevés.

Le choix du mandataire est effectué par le copropriétaire qui ne peut assister à l'assemblée. Son choix est libre. Toute disposition du règlement de copropriété qui porterait atteinte à ce principe serait réputée non écrite et l'assemblée générale tenue en application de ces dispositions, susceptible de nullité. Le mandataire peut ou non être un membre du syndicat, mais il ne peut s'agir du syndic, de son conjoint ou l'un des ses préposés (art. 22 *in fine* L. 1965 - les concierges et gardiens ne rentrent pas dans cette dernière catégorie ; en ce sens : *Rép. min. n° 9423 JO AN Q 6 avril 1998 p. 1980*). L'interdiction est valable, y compris si le syndic ou son conjoint sont personnellement propriétaires d'un lot (*JOAN Q 4 mai 1968, p. 1522).* Il a été jugé que cette interdiction se prolongeait même après la cessation des fonctions du syndic (▪ *Cass. 3e civ., 11 mars 1987 : Bull. civ. III 1987, n° 45 ; D. 1987. IR. p. 67)* mais il convient de penser qu'elle se limite alors aux assemblées amenées à discuter de résolutions touchant à la gestion de l'ancien syndic (V. M.-F. Ritschy, *L'ancien syndic peut-il recevoir des pouvoirs ?* : *Inf. rap. cop.* Janv. 1995, p. 19). Si, en dépit de l'interdiction, le syndic reçoit des mandats, la nullité de l'assemblée pourra être prononcée (Par ex. ▪ *Cass. 3e civ., 11 févr. 1975 : JCP 1975, II, 18013, note E.-J. Guillot).* Hormis ces restrictions tout copropriétaire est en droit de désigner la personne de son choix. En conséquence, il peut désigner un autre copropriétaire comme un membre de sa famille ou un tiers (locataire, professionnel du droit...). Il semble juste qu'il ne soit pas possible de recourir à plusieurs mandataires. Le vote étant « par nature personnel et indivisible », un copropriétaire ne pourrait désigner autant de mandataires qu'il possède de lots en copropriété (*Rép. min. 27 févr. 1984 : JOAN, p. 293, n°41132 ; JCP N 1984, prat. 9084-2).*

Le principe de la liberté du choix du mandataire soulève peu de difficultés pratiques d'autant que, parfois, une représentation légale s'impose. Il en va ainsi pour les époux communs en biens copropriétaires et pour les personnes frappées d'incapacité.

Lorsque deux époux possèdent un lot en commun, l'un ou l'autre peut représenter son conjoint sauf pour les décisions entraînant une aliénation des parties communes ou constituant des droits réels sur celles-ci. Dans ces hypothèses, l'accord des deux époux est requis (art. 1421 al. 1 et 1424 c. civ.). La pose d'un ascenseur n'entre pas dans ce cas de figure (▪ *CA Paris, 19e ch., B, 7 mars 1996 : JCP 1997, II, 22755, note A. Djigo).*

Lorsque le copropriétaire est frappé d'incapacité, en règle générale, la présence de son représentant légal est requise. Pour un mineur non émancipé, le représentant légal assiste et vote à l'assemblée les résolutions relevant des actes d'administration courante ou de gestion de l'immeuble collectif (L. art. 24 et 25). Il lui faudra toutefois une habilitation spéciale (du juge des tutelles ou du conseil de famille) pour les décisions les plus importantes visées à l'article 26 de la loi du 10 juillet 1965 (V. *infra*). L'incapable majeur placé sous tutelle doit de la même façon être représenté par son tuteur. Lorsque l'incapable est placé sous curatelle, l'assistance du curateur est simplement nécessaire pour les décisions relevant de l'article 26 de la loi du 10 juillet 1965 (C. civ. art. 510). Le majeur sous sauvegarde de justice dispose quant à lui d'une capacité juridique qui lui permet de participer valablement aux assemblées générales. L'absence de représentation ou d'assistance de l'incapable à l'assemblée générale, là où il aurait du être assisté ou représenté, peut déboucher sur la nullité (▪ *Cass. 3e civ., 14 janv. 1997 : RD imm. 1997, p. 285, obs. P. Capoulade et C. Giverdon ; Loyers et copr. 1997, n° 116, note G. Vigneron).*

B. Le recours à un mandat

La loi ne précise pas la forme que doit revêtir le mandat. En l'absence d'indication, la jurisprudence a précisé que le mandat devait nécessairement passer par une procuration écrite (▪ *Cass. 3e civ., 19 juill. 1995 : Bull. civ. III 1995, n° 203 ; Loyers et copr. nov. 1995, n° 493 ; AJPI 1996, p. 50, note J.-M. Gélinet ; Inf. rap. copr., janv. 1996, p. 11, obs. P. Capoulade).* Ce caractère écrit du mandat souffre toutefois d'un tempérament en ce qui concerne les époux. Un mandat « tacite » peut parfois suffire entre époux. Il a ainsi été jugé qu'un mari qui avait toujours représenté son épouse, jusqu'à ce qu'un désaccord survienne sans que le syndic en ait connaissance, conservait son pouvoir de représentation pour les assemblées contestées (▪ *Cass. 3e civ., 11 mars 1998 : Bull. civ. III 1998, n° 59 ; RD imm. 1998, p. 292, obs. P. Capoulade et C. Giverdon ; Gaz. Pal. 28 août-1er sept. 1998, pan. 230 ; Loyers et copr. mai 1998, n° 133 et s.* ▪ *Cass. 3e civ., 19 juill. 1995, préc.).* En dehors de cette hypothèse, il ne semble pas que le recours à un mandat tacite ou apparent puisse prospérer (V. pour le refus d'un mandat apparent entre un copropriétaire et son propre fils, ▪ *CA Aix, 4e ch. A, 9 mars 2000 : D. 2000, somm., p. 214, obs. C. Atias).*

Toujours, dans le silence des textes, la pratique du pouvoir en blanc - pouvoir adressé au syndic sans indication de nom de mandataire - est considérée comme régulière dès lors que le syndic ne distribue pas le mandat à un copropriétaire choisi par lui (▪ *Cass. 3e civ., 28 mars 1990 : Bull. civ. III 1990, n° 87 ; Rev. Administrer, juin 1990, p. 48, note E.-J. Guillot ; D. 1991. IR. p. 83, obs. C. Giverdon, J.-R. Bouyeure et J. Lafond* ▪ *Cass. 3e civ., 20 mars 1996 : RD imm. 1997, p. 130, obs. P. Capoulade*). Cette solution apparaît raisonnable. Admettre d'un côté que le syndic puisse distribuer à son gré (ou par l'intermédiaire d'une personne placée sous son autorité) les pouvoirs en blanc reviendraient à lui reconnaître une influence sur les votes que la loi cherche justement à éviter en lui interdisant de recevoir un mandat. Bannir d'un autre côté la pratique des pouvoirs en blanc irait à l'encontre de l'intérêt de l'ensemble des copropriétaires. Hormis dans les petits ensembles immobiliers, il est rare en effet que tous les copropriétaires assistent à l'assemblée et le choix du pouvoir en blanc est une solution de facilité qui permet souvent d'atteindre le quorum nécessaire pour que certaines décisions soient prises.

Afin d'éviter tout risque de discussion inhérente à la validité de la pratique qui consiste à faire parvenir un pouvoir en blanc au syndic, des auteurs évoquent la possibilité d'adresser les pouvoirs en blanc soit au président du conseil syndical ou à un membre de ce conseil, qui les répartira lors de la signature de la feuille de présence, soit au président de l'assemblée qu les répartira après son élection (V. Guillot, *Le pouvoir en blanc aux assemblées de copropriétaires :* Administrer, mars 1984, 11 : Lebatteux, *Les pouvoirs en blanc :* Administrer avr. 1998, 18).

Un mandat est régulier même lorsqu'il est conçu en termes généraux. Aucune obligation impose de préciser l'orientation du vote pour chacune des questions figurant à l'ordre du jour(Cabanac cité par Kischinewsky-Broquisse, *La copropriété des immeubles bâtis :* Litec, 1989, n° 579, p. 659). Le fait d'indiquer, par exemple, que « M. X charge M. Y de le représenter à l'assemblée des copropriétaires convoquée le … » suffit pour que le mandataire puisse valablement voter les points inscrits à l'ordre du jour ainsi que ceux qui en découlent. Mais bien évidemment, le mandant peut imposer au mandataire de voter dans un sens déterminé (▪ *CA Aix, 31 janv. 1984 : Bull. Aix 1984, p. 19* ▪ *CA Paris, 23e ch. B, 14 janv. 1994 : D. 1994, somm. 127).* Si jamais ce dernier ne respecte pas ses volontés, le copropriétaire sera engagé par le vote exprimé (▪ *CA Paris, 23e ch., 25 sept. 1992 : Loyers et copr. 1992, n° 491).* Il paraît cependant raisonnable de penser qu'il pourra poursuivre le mandataire pour faute dans l'exécution de son mandat, sauf si le pouvoir était rédigé en termes généraux. Dans ce cas, le mandataire disposait d'un pouvoir suffisant (▪ *CA Paris, 23e ch. A, 13 juin 1990 : Loyers et copr. 1990, n° 407).*

Quoi qu'il en soit un mandataire ne peut recevoir, au maximum que trois mandats (L. art. 22 al. 3). Cette règle reçoit deux exceptions. En premier lieu, la limitation du nombre de mandats ne concerne pas un mandataire qui participe à l'assemblée générale d'un syndicat principal dès lors que ses mandats appartiennent à un même syndicat secondaire. Le nombre de mandats est alors illimité. En second lieu, le nombre de mandats n'est pas non plus limité si le mandataire ne dispose pas, en totalisant ses voix personnelles et celles de ses mandants, plus de 5 % des voix du syndicat. Si tel n'est pas le cas et qu'un copropriétaire dépasse les trois mandats représentant plus de 5 % des voix, l'assemblée sera annulée, sans qu'il soit besoin de s'attacher à prouver que les voix des mandants étaient ou non indispensables pour obtenir la majorité requise (▪ *CA Paris, 23e ch. A, 4 nov. 1998 : Loyers et copr. 1999, n° 75).*

En règle générale, le non-respect des règles relatives à la validité des mandats entraîne la nullité de l'assemblée. Il n'est donc pas nécessaire de rechercher si le vote du mandataire aurait eu une incidence sur l'obtention de la majorité requise (▪ *Cass. 3e civ., 22 févr. 1989 : Bull. civ. III, n° 47* ▪ *CA Paris, 3 juin 1994 : Loyers et copr. 1994, n° 450* ▪ *CA Paris 23e ch. A, 4 nov. 1998 : Gaz. Pal. 7-9 févr. 1999, p. 15.* V. *contra* toutefois, à propos d'un mandat délivré à un syndic où il a été jugé qu'était valide la décision en assemblée lorsqu'en retranchant les mandats dont la personne avait été irrégulièrement investie, la majorité légale avait été cependant acquise ▪ *CA Paris, 23e ch. A, 25 mai 1983 : AJPI 1984, p. 74).*

Enfin, la feuille de présence sur laquelle figurent les informations générales concernant chaque copropriétaire (nom, domicile, nombre de voix...) doit indiquer le nom et le domicile du mandataire. Il a toutefois été jugé qu'il n'était pas obligatoire d'annexer les pouvoirs à la feuille de présence (▪ *CA Paris 19e ch. A, 29 sept. 1997 : Loyers et copr. févr. 1998, n° 50).* Cette jurisprudence s'inscrit dans la mouvance de décisions libérales concernant la constitution de la feuille de présence.

§ 2. La constitution de la feuille de présence

Toute réunion de copropriété impose la constitution d'une feuille de présence, c'est-à-dire d'un document qui apporte des renseignements sur les personnes présentes en cours de séance. Cette feuille, qui peut comporter plusieurs feuillets, constitue une annexe du procès-verbal avec lequel elle est conservée (D. 1967 nouv. art. 14). Depuis le premier septembre 2004 elle peut être tenue sous forme électronique dans les conditions fixées par les articles 1316-1 et suivants du Code civil sur les actes électroniques. Cette feuille doit avoir un contenu précis (A) mais elle n'empêche pas, parfois, de soulever quelques difficultés pratiques, notamment lorsqu'un copropriétaire arrive en retard ou part avant la fin de la séance (B).

A. Le contenu de la feuille de présence

La feuille de présence doit comprendre plusieurs séries d'informations (D. 1967 art. 14). Elle a pour finalité lors du vote de chaque résolution de décompter les voix afin de calculer les majorités, de s'assurer du respect des règles de représentation à l'assemblée et, partant, de vérifier la régularité de celle-ci. Cette feuille est en principe établie par le syndic en qualité de « secrétaire provisoire » de l'assemblée (▪ *CA Paris, 19e ch. B, 4 avr. 1991 : RD imm. 1991, p. 381, obs. C. Giverdon ; comp.* ▪ *CA Aix-en-provence, 30 mars 1995 : Loyers et copr. 1995, n° 297* qui propose le président de séance*).* Il est à noter que la feuille de présence peut être consultée par les copropriétaires, à tout moment, au cours de l'assemblée. Par la suite, le syndic a l'obligation d'en délivrer copie, photocopie ou extrait sur demande (D. art. 33 ; ▪ *Cass. 3e civ., 4 janv. 1996 : Bull. civ. III 1996, n° 3 ; Rev. Administrer avr. 1996, p. 49 ; Loyers et copr. mars 1996, n° 139 ; Inf. rap. copr. avr. 1996, p. 8 obs., P. Capoulade).*

En premier lieu, la feuille de présence, qui peut comporter plusieurs feuillets, doit mentionner les noms et domicile de chaque copropriétaire ou de chaque associé et, le cas échéant, le nom et le domicile du mandataire. Elle doit, en deuxième lieu, indiquer le nombre de voix dont dispose chaque copropriétaire en prenant en compte le fait qu'un copropriétaire peut faire l'objet d'un mandat délivré par un autre copropriétaire. Il sera également nécessaire d'avoir égard aux dispositions de l'article 22 alinéas 2 et 3 de la loi du 10 juillet 1965 et de celles de l'article 24 alinéa 2 de la même loi. La feuille de présence doit, en troisième lieu, comporter la signature de chaque copropriétaire ou associé présent ou, du mandataire s'il en a été désigné un. En quatrième et dernier lieu, la feuille de présence doit recevoir une certification du président de l'assemblée. Elle constitue une annexe du procès verbal avec lequel elle est conservée.

Ces obligations prévues par l'article 14 du décret du 17 mars 1967 font l'objet d'une interprétation libérale de la jurisprudence qui cherche à éviter des annulations d'assemblées stériles. Le principal est que la feuille de présence contienne des éléments permettant d'identifier les participants à la réunion sans qu'il soit forcément essentiel de faire preuve d'un formalisme très poussé (▪ *Cass. 3e civ., 7 déc. 1971 : JCP 1972, II, 16985, note E.-J. Guillot ; Rev. Loyers 1972, p. 170)*. Ainsi, il a été jugé que la signature de la feuille de présence par un copropriétaire après l'assemblée était admissible dès lors qu'il était effectivement présent (▪ *TGI Grasse, 12 juin 1997 : Rev. Administrer 1997, p. 52, obs. J.-R. Bouyeure)* ou qu'il importe peu que la feuille de présence mentionne le nom d'un copropriétaire décédé dès lors qu'il est remplacé par son conjoint, domicilié à la même adresse (▪ *TGI Paris, 6 févr. 1980 : Rev. Loyers 1980, p. 502)* ou encore que le fait qu'un copropriétaire ne signe pas la feuille de présence et que ses voix ne soient pas prises en compte lors du vote des résolutions, lui ouvre la voie d'une contestation des décisions prises (▪ *Cass. 3e civ., 22 juill. 1998 : Rev. Administrer févr. 1999, p. 49 ; RD imm. 1998, p. 688, obs. P. Capoulade)*. A fortiori, une simple erreur matérielle n'est pas de nature à déboucher sur la nullité de l'assemblée (▪ *CA Aix, 7 avr. 1998 : Rép. Def. 1998, p. 1176, obs. C. Atias)*. Cette jurisprudence libérale ne va pas, en revanche, jusqu'à valider une assemblée tenue sans feuille de présence. En son absence, c'est fort logiquement l'annulation de l'assemblée qui se trouve prononcée (▪ *CA Lyon, 23 avr. 1968 : Inf. rap. copr. 1968, p. 93)*.

B. Le cas des copropriétaires absents une partie de la séance

Un copropriétaire peut, pour des raisons diverses, ne pas assister à l'ensemble de la séance. Deux situations sont envisageables : soit il arrive en retard, soit il part avant la fin. La première hypothèse ne soulève guère de difficultés. Lorsqu'un copropriétaire arrive en retard, il est considéré comme présent à partir du moment où il a signé la feuille de présence. S'il ne demande pas que son arrivée soit mentionnée au procès verbal de séance, il sera présumé avoir été présent au moment des scrutins antérieurement votés. Mais cette présomption est une présomption simple dont il peut rapporter la preuve contraire (▪ *TGI Paris, 25 mars 1982 : Inf. rap. copr. 1982, p. 46, note P.L.)*. La seconde hypothèse est plus délicate dans le sens où l'on peut se poser la question de savoir s'il faut considérer le copropriétaire qui part prématurément comme présent pour toute la durée de l'assemblée ou si, au contraire, il doit être considéré comme absent à partir du moment où il a quitté la séance.

Au vu de la jurisprudence récente, il faut considérer que le copropriétaire (ou le mandataire) qui a signé la feuille de présence est considéré comme présent pour toute la durée restante de l'assemblée (▪ *Civ. 3, 10 déc. 1985 : Rev. Loyers 1986 p. 388*). Toutefois, il ne s'agit là que d'une présomption simple. En conséquence, tout copropriétaire qui quitte la séance prématurément peut être traité comme absent sous réserve de rapporter la preuve de son départ (par. ex. ▪ *CA Versailles, 24 mars 1987 : JCP 1987, IV, 362* ▪ *CA Paris, 19ᵉ ch. A., 29 sept. 1997 : Loyers et copr. févr. 1998, n° 50 ; JCP 1998, IV, 1562 ; Inf. rap. copr. oct. 1998, p. 14, note M.-F. Ritschy* ▪ *CA Aix, 7 avr. 1998 : Rép. Def. 1998, obs. C. Atias ; V. aussi* ▪ *Cass. 3ᵉ civ., 10 déc. 1985 : Rép. Def. 1986, 33745, obs. H. Souleau ; JCP 1986, IV, 70*). Même si le départ peut toujours être prouvé par tous moyens (présomption, témoignage…) il est vivement conseillé au copropriétaire qui quitte l'assemblée de demander qu'il en soit fait mention sur le procès-verbal. De même, s'il choisit un mandataire dans l'assemblée pour le reste de la séance, comme il en a la possibilité, il devra le faire mentionner au procès verbal et rédiger un écrit en ce sens (▪ *CA Paris 19 janvier 1994 : Loyers et copro. 1994 p. 259.* V. également : *Commission relative à la copropriété, recommandation n° 4.1.3, JO 13 août 1987, p. 9266 et s.*). Le décompte des voix en faveur de l'adoption de chaque résolution devra alors s'apprécier en fonction de l'attitude des copropriétaires au cours de l'assemblée c'est-à-dire selon leur absence ou leur présence au cours des débats.

§ 3. La désignation du président et du bureau

Le rituel de chaque réunion d'assemblée est immuable. L'élection du président est incontournable (A) tandis que celle des scrutateurs n'est que facultative, sauf disposition contraire du règlement de copropriété (B).

A. L'élection du président

La désignation d'un président de séance est obligatoire (D. 1967 art. 15). Elle doit intervenir avant toute prise de décision (▪ *CA Paris, 21 févr. 1976 : AJPI 1976, p. 403*) par un vote à la majorité des copropriétaires présents ou représentés (L. 1965 art. 24). Comme il s'agit d'une décision comme toute autre, le vote doit bien évidemment se dérouler dans des conditions régulières. En d'autres termes, le procès-verbal doit mentionner les conditions du vote. A défaut, la nullité de l'assemblée est encourue, sans même qu'il y ait lieu pour le copropriétaire qui s'en prévaut de démontrer qu'il a subi un préjudice (▪ *Cass. 3e civ., 16 juin 1993 : AJPI 1994, p. 292, note J.-M. Gélinet ; Rev. Administrer avr. 1994, p. 51, note J. Lafond ; Adde* ▪ *Cass. 3e civ., 22 mars 1995 : Rev. loyers 1995, p. 146, note J.-M. Gélinet ; RD imm. 1995, p. 592, obs. P. Capoulade ; Loyers et copr. nov. 1996, n° 449*). Mais la désignation du président étant obligatoire, il n'est pas nécessaire d'indiquer celle-ci dans l'ordre du jour adressé à tous les copropriétaires (▪ *CA Paris, 23e ch. B, 8 nov. 2001, Synd. copr. rue de Constantinople c/ De Bassat : Rev. Administrer 2002, n 343, p. 50).*

Comme le choix du président de l'assemblée à l'issu d'un vote relève d'une disposition d'ordre public, aucun autre procédé de désignation ne saurait valablement intervenir, réserve faite du cas particulier où l'assemblée est convoquée, sur le fondement de l'article 50 alinéa 1 du décret du 17 mars 1967, à la suite d'une décision de justice. Le président du tribunal de grande instance peut alors charger un copropriétaire ou un mandataire de justice de présider l'assemblée. Hormis ce cas, le président ne peut-être par exemple désigné par une clause du règlement de copropriété (▪ *CA Paris, 19e ch. B, 4 avr. 1991 : RD imm. 1991, p. 381, obs. C. Giverdon)* y compris, à titre provisoire, jusqu'à l'élection (▪ *CA Paris 19e ch. B, 4 avr. 1991, op. cit.).*

La nullité du mandat du président de séance entraîne celle de toutes les décisions prises au cours de cette assemblée *(▪ CA Paris, 23e ch. A, 12 sept. 2001, AJDI 2002, p. 139).*

Le président de l'assemblée est désigné parmi les copropriétaires ou les associés propriétaires de lots, à l'exclusion du syndic, de son conjoint ou de ses préposés (L. 1965 art. 22). Son rôle est de veiller au bon déroulement de l'assemblée. C'est ainsi qu'il doit s'assurer de l'exactitude du contenu de la feuille de présence, vérifier les pouvoirs des mandataires et la régularité du procès-verbal. Il est aussi tenu de faire respecter l'ordre du jour et d'assurer la police de l'assemblée.

B. L'élection des scrutateurs

L'article 15 du décret du 17 mars 1967 dispose qu'au début de chaque réunion, l'assemblée procède, s'il y a lieu, à l'élection « d'un ou plusieurs scrutateurs ». L'élection a lieu dans les mêmes conditions que celle du président de séance, c'est-à-dire à la majorité des présents et des représentés. Elle s'en distingue toutefois par son caractère facultatif, à moins que le règlement de copropriété ne l'impose. Dans ce seul cas, l'absence d'élection du bureau conduira à l'annulation de l'assemblée, sans même que le demandeur ait à invoquer un grief (▪ *Cass. 3e civ., 17 oct. 1993 : Inf. rap. copr. févr. 1994, p. 452, note P. Capoulade ; RD imm. 1994, p. 101, obs. P. Capoulade).* S'il intervient, le vote doit en toute hypothèse être distinct de celui relatif à l'élection du président de l'assemblée. A défaut, cette dernière sera également annulée (▪ *Cass. 3e civ., 17 févr. 1999 : Bull. civ. III 1999, n° 43 ; Loyers et copr. 1999, n° 157, note G. Vigneron).* On relèvera que le président de séance ne peut exercer en même temps la fonction de secrétaire de séance (▪ *Cass. 3e civ., 6 nov. 2002 : AJDI 2003, p. 276*). Enfin, le secrétariat de l'assemblée est assuré par le syndic, à moins, justement que l'assemblée élise un scrutateur à sa place sachant que la désignation d'un secrétaire de séance est nécessaire à la validité de l'assemblée (▪ *CA Paris, 23e ch. A, 6 mai 1998 : D. 1999, somm. 76, note C. Atias).*

Section 2. Les principes de vote des résolutions

Le vote des résolutions en assemblée obéit à des règles très strictes. L'objectif est d'assurer un fonctionnement de la copropriété conforme à l'intérêt de la majorité des copropriétaires et donc d'éviter tout abus motivé par une logique individualiste ou partisane. Aussi, les règles de répartition des voix (§ 1) et les règles de vote (§ 2) font l'objet d'un encadrement rigoureux des textes.

§ 1. Les règles de répartition des voix

Les règles de répartition des voix en droit de la copropriété sont, somme toute, simples et lisibles. Un copropriétaire dispose d'un nombre de voix équivalant au nombre de tantièmes de copropriété (A). Ce principe souffre toutefois de deux exceptions (B).

A. Le principe du nombre de voix équivalant au tantièmes de copropriété

C'est l'article 22 alinéa 2 de la loi du 10 juillet 1965 qui pose la règle selon laquelle « chaque copropriétaire dispose d'un nombre de voix correspondant à sa quote-part dans les parties communes ». En d'autres termes, tout copropriétaire bénéficie d'un nombre de voix équivalant au nombre de tantièmes de copropriété afférent à son lot. Si, par exemple, le lot d'un copropriétaire représente 150 millièmes de copropriété, son nombre de voix sera de 150 sur un total de mille.

Ce principe posé par l'article 22 alinéa 2 est, là encore, d'ordre public. D'une part, il ne peut faire l'objet d'aucune dérogation, y compris par inscription d'un mode de calcul différent sur le règlement de copropriété. Un mode de calcul au prorata des tantièmes de charges est ainsi illégal (• *TGI Seine, 27 févr. 1963 : AJPI 1964, II, p. 119, note Cabanac*), tout comme un vote lié à une majorité en nombre de lots *(• CA Paris, 2e ch., 4 mai 1968, Jeanjean c/ M. Jeanjea : Gaz. Pal. 1968, 2, jur., p. 127)*. D'autre part, ce principe doit s'apprécier sans réserve. Aucun copropriétaire ne doit ainsi être omis, quand bien même en raison du nombre peu élevé de millièmes, il ne peut avoir d'influence sur le vote (V. pour un copropriétaire qui disposait de 46/10 000e, • *Cass. 3e civ., 20 nov. 1996 : Bull. civ. III 1996, n° 220 ; JCP 1997, I, 4010, note H. Périnet-Marquet ; Loyers et copr. janv. 1997, n° 24 ; RD imm. 1997, p. 129, note P. Capoulade et C. Giverdon ; Rev. Administrer, avr. 1997, p. 40, note P. Capoulade ; Inf. rap. copr., oct. 1997, note M.-F. Ritschy)*. Toutefois, le syndicat, propriétaire d'un ou de plusieurs lots, ne dispose d'aucune voix en assemblée générale au titre des parties privatives acquises par lui (L 1965 art. 16 al. 2).

B. Les exceptions au nombre de voix équivalant aux tantièmes de copropriété

Deux exceptions à la règle de la proportionnalité sont prévues par la loi. Le copropriétaire majoritaire voit tout d'abord son nombre de voix réduit (1) et, ensuite, une répartition des voix spécifique aux assemblées restreintes doit être prise en compte (2).

1. La réduction des voix du copropriétaire majoritaire

Dans le souci d'éviter la domination d'un copropriétaire majoritaire qui pourrait privilégier ses intérêts personnels au détriment de la copropriété elle-même, l'article 22 alinéa 2 de la loi du 10 juillet 1965 prévoit que lorsqu'un copropriétaire possède plus de la moitié des tantièmes, ses voix sont « réduites à la somme des voix des autres copropriétaires ». Pour qu'une résolution soit votée, il faut que le copropriétaire majoritaire dispose de l'appui d'au moins un autre copropriétaire. Si, par exemple, un copropriétaire détient 650 millièmes et les autres 350, ses voix seront donc réduites à 350. La majorité absolue, pour qu'une décision soit valablement prise, se situera alors à 351 voix.

Le non respect des dispositions d'ordre public de l'article 22 alinéa 2 précité, à savoir l'application de la réduction du nombre de voix du copropriétaire majoritaire, est sanctionné par la nullité des délibérations votées. Cette issue apparaît intangible, même si la décision contestée a été adoptée alors que les majorités requises auraient été dépassées si l'on avait réduit le nombre des voix du copropriétaire majoritaire ou que, à l'unanimité, les copropriétaires auraient votés la résolution. La nullité est prononcée (▪ *CA Paris, 23e ch., 18 mai 1994 : Loyers et copr. nov. 1994, n° 448* ▪ *TGI Nanterre, 5 mars 1997 : Rev. administrer, août-sept. 1997, p. 45, obs. J.-R. Bouyeure).*

Cette limitation du nombre des voix a pu inciter des copropriétaires peu scrupuleux à contourner la réglementation. Il convient de savoir que la jurisprudence sanctionne fermement toute tentative de fraude par la nullité des décisions prises (▪ *Cass. 3e civ., 4 juin 1973 : Bull. civ. III 1973, n° 392* ▪ *Cass. 3e civ., 6 juill. 1982 : JCP N 1983 prat. 308).* C'est alors bien évidemment au demandeur de prouver la fraude du copropriétaire (▪ *CA Paris, 2 mars 1993 : Loyers et copr. 1993, n° 241).* Il en est ainsi, par exemple, lorsque le copropriétaire procède à la vente fictive d'un lot dans le but de contourner la règle posée par l'article 22 (▪ *TGI Paris, 8e ch. 24 mai 1984 : Gaz. Pal. 1984. 2. 520, note J.-R. Bouyeure)* ou lorsque, dans l'unique but d'échapper à la réduction de ses voix, il fait une donation à sa fille (▪ *CA Paris, 23e ch. A, 14 mars 1988 : D. 1988. IR. p. 99 ; RD imm. 1988, p. 345, obs. F. Givord et C. Giverdon)* ou constitue une société civile immobilière (▪ *Cass. 3e civ., 20 janv. 1993 : D. 1994, somm. p. 201, note J.-R. Bouyeure).* Il est intéressant de noter qu'au-delà de la nullité des décisions prises, le juge peut sanctionner le fraudeur en prononçant la nullité de l'acte accompli (▪ *Cass. 3e civ., 6 juill. 1982 : Rev. administrer, avr. 1983, p. 39, note E.-J. Guillot)* ou en le déclarant inopposable aux tiers (▪ *TGI Paris, 24 mai 1984, préc.).*

L'application de cette règle de réduction des voix du copropriétaire majoritaire suscite quelques interrogations que la jurisprudence a été amenée à résoudre. En premier lieu, la Cour d'appel de Paris a ainsi précisé que cette réduction devait s'opérer, lorsque la résolution devait être votée à la majorité relative, non pas en tenant compte des voix possédées par tous les copropriétaires, mais seulement à partir des voix des copropriétaires présents ou représentés à l'assemblée (▪ *CA Paris, 19e ch. B, 23 oct. 1998 : Loyers et copr. 1999, n° 73).* En deuxième lieu, quand bien même l'assemblée ne comprendrait que deux copropriétaires, la règle s'applique. En conséquence deux hypothèses se dégagent. Soit les copropriétaires votent dans un sens identique (ce qui revient à exiger des décisions prises à l'unanimité), soit les deux copropriétaires votent dans un sens opposé et aucune majorité ne peut s'imposer. Dans ce dernier cas, la situation de blocage qui en résulte peut être levée par une décision judiciaire (▪ *TGI Brest, 8 avr. 1970 : Gaz. Pal. 1972, 1, 445 ; AJPI 1970, II, 1221, note J.-R. Bouyeure ; Rev. loyers 1971, 107, note Viatte* ▪ *CA Paris 19e ch. B, 16 oct. 1996 : RD imm. 1997, p. 122, obs. C. Giverdon).* En troisième lieu, la question s'est posée de savoir si la règle devait s'appliquer aux copropriétaires qui cumulaient deux qualités. La réponse est négative. Si un copropriétaire possède, par exemple, un lot en pleine propriété et un autre en tant que nu-propriétaire ou usufruitier, la réduction des voix ne doit pas s'effectuer (par ex. ▪ *CA Paris, 19e ch. B, 5 oct. 1989 : Loyers et copr. déc. 1989, n° 545 ; JCP 1990, IV, n° 425).* La même solution s'impose si des liens familiaux ou une communauté d'intérêt existe entre deux copropriétaires. Tel est le cas d'une personne mariée sous le régime de la communauté et qui vote en qualité de propriétaire en propre d'un lot de copropriété et, par ailleurs, de copropriétaire d'un lot constitutif d'un bien commun. Les lots concernés ne sont pas alors entre les mêmes mains (▪ *Civ. cass. 3., 25 sept. 2002 : AJDI 2003, p. 595*). Toutefois, en cas de votes systématiquement contraires à l'intérêt collectif, l'annulation est susceptible d'être prononcée (*Rép. Min. n° 167 : JO sénat Q, 1er sept. 1988, p. 966 ; Loyers et copr. oct. 1988, n° 459* ▪ *CA Versailles, 25 mai 1992 : Les annonces de la Seine, juill. 1992, p. 6 ; RD imm. 1993, p. 129).*

2. La répartition particulière aux assemblées spéciales

Le règlement de copropriété peut mettre à la charge de certains copropriétaires seulement les dépenses d'entretien d'une partie de l'immeuble ou celles d'entretien et de fonctionnement d'un élément d'équipement commun (un ascenseur par exemple). Il peut également disposer que seuls ces copropriétaires prendront part aux votes relatifs aux délibérations concernant ces dépenses (L. 1965 art. 24 al. 2). Dans cette hypothèse, la participation au vote des copropriétaires non concernés peut conduire à la nullité des délibérations irrégulièrement intervenues Mais, en l'absence d'indication expresse dans le règlement de copropriété, tous les copropriétaires doivent participer au vote, y compris les copropriétaires qui ne sont pas concernés par les dépenses en question *(Rép. min., JO AN Q. 16 juin 1972, p. 2561).*

Lorsque le règlement prévoit la participation des seuls copropriétaires concernés par les charges en cause, reste à savoir si la délibération doit intervenir dans la cadre d'une assemblée composée des seuls copropriétaires concernés ou dans le cadre d'une assemblée normale au cours de laquelle ne votent que les copropriétaires intéressés. Dans le silence des textes la deuxième solution l'emporte (▪ *CA Paris 23e ch. 4 nov. 1994 : Loyers et copr. 1995, n° 337)*. En effet, l'hypothèse de dépenses mises à la charge de certains copropriétaires n'entre pas dans les cas de figure où la loi permet la tenue d'une assemblée véritablement spéciale, à savoir d'une assemblée distincte de l'assemblée générale. Il faut savoir que la réunion d'une assemblée spéciale se limitant aux copropriétaires concernés est uniquement envisagée dans les cas suivants : création d'un syndicat secondaire (L. 1965 art. 27 al. 1), scission de la copropriété initiale en plusieurs copropriétés (L. 1965 28 al. 1), aliénation du droit de surélever un bâtiment (L. 1965 art. 35 al. 2), reconstruction de l'immeuble sinistré (L. 1965 art. 38 al. 1).

Quoi qu'il en soit et fort logiquement, les copropriétaires participent au vote avec un nombre de voix correspondant à leur participation dans la dépense occasionnée et non pas avec un nombre de voix proportionnel au nombre de tantièmes de copropriété comme cela est, en principe, la règle.

§ 2. Les règles de vote

Il convient ici de distinguer les opérations de vote proprement dites de la rédaction du procès verbal de séance.

A. Les opérations de vote

Conformément aux pouvoirs qui sont les siens, le président d'assemblée soumet aux suffrages des copropriétaires les questions inscrites à l'ordre du jour. Le vote sur les questions portées à l'ordre du jour est marqué par l'absence de contrainte de forme. Il ne faut pas en déduire cependant que l'assemblée bénéficie d'une totale liberté en la matière. Un certain nombre de principes doivent, à l'évidence, être respectés.

D'un point de vue formel, aucune condition n'est imposée et le vote peut se dérouler en utilisant des bulletins, par appel nominatif de chaque copropriétaire ou à main levée. La seule obligation résulte finalement du texte de l'article 17 du décret du 17 mars 1967 qui commande de faire figurer sur le procès-verbal le résultat de chaque vote, les noms des copropriétaires opposants, de ceux défaillants ou de ceux qui n'ont pas pris part au vote. En conséquence, la seule limite à la liberté de choix de la forme du scrutin réside dans l'interdiction du vote à bulletin secret en raison de l'incertitude liée à l'identité de chaque votant. Mais en raison de ce principe de liberté, même dans ce cas de figure, un vote à bulletin secret a pu être admis dans l'hypothèse où la qualité des opposants qui avaient voté à bulletins secrets était connue du syndicat (▪ *CA Paris 23e ch. B, 28 nov. 1984 : RD imm. 1985, 188, obs. C. Giverdon).*

Le vote a souvent lieu à main levée. Il s'analyse en un vote oral. Il est valable sous réserve que chaque votant fasse connaître le nombre de tantièmes dont il dispose, les copropriétaires opposants, défaillants ou abstentionnistes étant dénombrés afin de figurer au procès-verbal.

Un vote doit s'exprimer pour chaque question figurant à l'ordre du jour, sans qu'il soit cependant obligatoire de le faire précéder d'une discussion ou d'un simple échange de vues (▪ *CA Paris, 23e ch., 16 févr. 1994 : Loyers et copr. 1994, n° 356).* Un vote unique sur plusieurs questions, fussent-elles liées, ne permet pas de connaître précisément l'opinion de chaque copropriétaire. Aussi, la Cour de cassation considère à juste titre qu'il n'est pas possible qu'une assemblée vote une seule fois sur une résolution qui comporte plusieurs questions (▪ *Cass. 3e civ., 11 mars 1998; : Bull. civ. III 1998, n° 59 ; Loyers et copr. mai 1998, nos 133, 137, 141, note G. Vigneron ; RD imm. 1998, p. 292 et 294, obs. P. Capoulade et C. Giverdon ; Rev. Administrer, août-sept. 1998, p. 52, note P. Capoulade).* Il faut signaler toutefois, sur ce point, la jurisprudence quelque peu dissidente de la cour d'appel de Paris qui a pu estimer dans quelques décisions que l'existence d'un lien de connexité entre certaines questions permettait de valider un vote unique portant pourtant sur plusieurs questions (V. par ex. sur un vote unique qui portait sur la question du renouvellement du syndic et sur celle de l'ouverture d'un compte séparé (▪ *CA Paris, 23e ch. A, 24 févr. 1999 : Loyers et copr. 1999, n° 228).* Si au regard de la jurisprudence de la cour de cassation il semble bien qu'un vote groupé ne puisse pas valablement prospérer, à l'inverse rien n'interdit à l'assemblée de ne pas procéder à un vote sur l'une des questions inscrites à l'ordre du jour. Il a été jugé qu'une assemblée pouvait se limiter à émettre de simples vœux sur une question portée à l'ordre du jour et donc ne pas prendre de véritable décision à son propos (▪ *Cass. 3e civ., 19 nov. 1997 : Bull. civ. III 1997, n° 207 ; RD imm. 1998, p. 135, obs. P. Capoulade et C. Giverdon ; JCP N 1998, n° 7, p.*

232). En cas de vote, la décision prise ne sera valable que si les règles de majorité légales sont respectées.

Afin de permettre aux membres de l'assemblée de faire part de leurs réserves sur la régularité des délibérations (en application de l'article 17 du décret de 1967) le résultat des votes doit être proclamé avant la clôture de la séance par son président (▪ *CA Paris, 23e ch. A, 29 avr. 1987 : RD imm. 1987, p. 377)*.

B. Le procès verbal des décisions

Le procès verbal constitue la preuve matérielle de l'existence et du sens des résolutions soumises à l'assemblée avec, en regard, le résultat du vote intervenu à propos de chacune d'elles.

L'établissement de ce document est obligatoire. Son absence entacherait de nullité les résolutions adoptées lors de l'assemblée, tout comme le non respect des règles présidant à sa rédaction. Cette nullité est une nullité de plein droit.

Le procès-verbal doit comporter certaines mentions obligatoires (D. 1967 art. 17). Il doit tout d'abord reproduire l'intitulé de chaque question portée à l'ordre du jour ainsi que le texte de chaque délibération et le résultat du vote correspondant. Ainsi, est-il nécessaire de préciser les noms des copropriétaires qui se sont opposés à la décision et leur nombre de voix, ainsi que le nom de ceux qui se sont abstenus et leur nombre de voix. La loi n'impose pas le recensement, sur le procès-verbal, des voix favorables à la résolution, ni le nom des copropriétaires présents ou représentés (la feuille de présence renseigne sur le nom des copropriétaires absents et sur les tantièmes qu'ils représentent) ainsi que le nombre de tantièmes dont ils disposent. Toutefois, pour une lecture plus aisée du procès-verbal, il est généralement indiqué le nombre total de tantièmes des copropriétaires présents ou représentés ainsi que celui des copropriétaires absents.

Le nombre de voix exprimées en faveur d'une résolution se calcule par différence entre le total des voix de l'assemblée qui ressort de la feuille de présence et celui des voix des copropriétaires ayant émis un vote négatif et des abstentionnistes (ceux qui ne prennent pas part au vote ne sont plus visés. Sur cette notion V. C. Atias, La position juridique du copropriétaire ne prenant pas part au vote, D 1994 chr. p. 123).

Ces précisions permettent ensuite au syndic de notifier le procès verbal aux copropriétaires opposants ou défaillants ou aux copropriétaires qui ont émis des réserves.

Le procès-verbal peut également, sur demande d'un ou plusieurs copropriétaires, mentionner les réserves formulées par eux relativement à la légalité des délibérations. Ces réserves, qui ne concernent que la régularité de la décision et qui doivent être exprimées en cours d'assemblée, permettent aux abstentionnistes ou aux opposants de conserver leur droit d'agir en nullité (cf. L. 1965 art. 42 al. 2). Il n'a plus à indiquer les copropriétaires « n'ayant pas pris part au vote » selon la formule antérieurement consacrée par la loi et qui avait laissé bon nombre de personnes perplexes sur sa signification exacte.

Le procès verbal n'est pas un compte rendu de l'assemblée générale. Il n'a pas à mentionner si le projet de résolution a été ou non adopté.

En pratique, ce document est rédigé par le syndic es qualité de secrétaire de séance (la cour d'appel de Paris a toutefois admis qu'il puisse être rédigé par un membre quelconque du bureau ▪ *CA Paris, 18 janv. 2001 : Loyers et copr. 2001 comm. n° 183 ; AJDI 2001 p. 44*), au plus tard en fin de séance (il peut être rédigé en cours de séance ou à sa clôture mais ne saurait l'être ultérieurement). Il doit être revêtu de la signature (manuscrite ou électronique cf. C. civ. art. 1316-4) du président de séance, du secrétaire et, s'il y a lieu, du ou des scrutateurs, afin que soit attestée la conformité du contenu du procès-verbal avec les délibérations qui ont été effectivement votées par l'assemblée générale. L'absence de ces signatures devrait conduire à la nullité des résolutions constatées. Mais la jurisprudence admet leur validité alors que certaines signatures font défaut dès lors que le copropriétaire qui conteste la licéité du procès-verbal n'est pas en mesure de démontrer l'inexactitude du compte rendu des délibérations et qu'il n'en subit aucun préjudice. Ainsi, lorsque le président d'assemblée n'a pas signé le procès-verbal, celui-ci est privé de force probante, mais les résolutions qu'il reproduit ne seront annulées que s'il est démontré que le texte qui en est reproduit ne correspond pas à la réalité.

En tout état de cause, les signatures apposées sur le procès verbal inséré au registre des procès-verbaux doivent être identiques à celles dont est revêtu le texte notifié aux copropriétaires. A défaut, il y aurait lieu de prononcer la nullité des résolutions (▪ *Cass. civ. 3, 4 juill. 1990 : Rev. Administrer 1991, n° 221 p. 60*).

Les procès verbaux de séances sont inscrits à la suite les uns des autres sur un registre spécialement ouvert à cet effet (D. 1967 art. 17 al. 4). L'absence de respect de cette formalité serait de nature à caractériser une faute du syndic, source de responsabilité civile en cas de préjudice en résultant.

Section 3. Les décisions de l'assemblée

L'assemblée, organe délibérant du syndicat de copropriétaires, peut engager le syndicat par les décisions qu'elle adopte valablement (art. L 17). Mais ses pouvoirs ne sont pas sans limites. Elle ne peut en effet adopter ni des décisions qui contrediraient les pouvoirs que la loi reconnaît au syndic ni des décisions de nature à affecter les droits des copropriétaires sur leurs parties privatives (il s'agit tant des décisions portant atteinte, directement ou indirectement, aux droits de jouissance des copropriétaires sur leur lot que celles touchant à la destination de l'immeuble -L. art. 26, al. 4-).

Pour engager valablement le syndicat, l'assemblée doit respecter les règles de majorité prévues par la loi. Ces dernières varient suivant la gravité de la décision inscrite à l'ordre du jour. Ces règles de majorités étant d'ordre public, aucune dérogation n'est admise.

Rien dans la loi n'oblige de mentionner en dessous de chaque délibération, la majorité à laquelle elle doit être adoptée (Rép. Min., 11 déc. 1995 : JOAN, p. 5260). Quelques syndics toutefois opèrent une telle précision et indiquent sur l'ordre du jour même, la règle de majorité nécessaire à l'adoption de la résolution. Cette pratique assure incontestablement une meilleure information des copropriétaires. Elle est sans doute aussi, par ricochet, de nature à éviter un certain nombre de contestations ultérieures. Quoi qu'il en soit, la plupart des décisions nécessitent un vote à la majorité simple (§ 1) tandis que pour les actes plus graves la majorité absolue (§ 2) ou la majorité qualifiée en nombre de voix et en nombre de copropriétaires (§ 3) est requise, voire même parfois, l'unanimité (§ 4).

§ 1. La majorité simple

Dans sa dernière rédaction, l'article 24 de la loi de 1965 précise : « les décisions de l'assemblée générale sont prises à la majorité des voix exprimées des copropriétaires présents ou représentés s'il n'en est pas autrement ordonné par la loi ». Cette majorité, dite simple, constitue donc la majorité de principe dont il convient ici de préciser les conditions de mise en œuvre avant d'indiquer les décisions qui peuvent être prises à une telle majorité.

A. Le calcul de la majorité simple

Le texte de l'article 24 de la loi de 1965 indique clairement les conditions de calcul de la majorité. Contrairement à la situation antérieure (avant l'entrée de la loi SRU du 13 décembre 2000), les voix des copropriétaires non représentés, des abstentionnistes et de ceux qui ne se sont pas exprimés ne sont plus prises en considération. Seules sont décomptées les voix des copropriétaires qui ont voté en faveur de la résolution et celles des copropriétaires qui se sont prononcés contre. La majorité est ainsi aisée à calculer.

La règle de comptabilisation des seules voix exprimées a pour but de responsabiliser les copropriétaires en les incitant à adopter une position claire en faveur ou en défaveur de la résolution. Surtout, elle facilite la prise de décision en diminuant le nombre de voix nécessaire à l'adoption d'une résolution à la majorité simple, en excluant les abstentionnistes.

☞ *Prenons pour exemple une assemblée générale où les copropriétaires présents ou représentés ont 800 voix sur 1000 et qu'au moment du vote l'on dénombre 200 abstentions. Pour que la résolution soit adoptée, il faut au moins 301 voix (800 - 200 = 600, la majorité simple étant atteinte à la moitié des voix plus une).*

Parce que le recours à la majorité simple de l'article 24 est considéré comme un principe général qui supporte comme seul tempérament les quelques exceptions visées aux articles 25 et 26 L. 10 juill. 1965, il va de soi qu'un nombre conséquent de décisions relèvent de cette majorité simple.

Cas particulier de majorité simple : Les décisions visant à autoriser le syndic à engager des travaux de remise en état rendus nécessaires par l'urgence en cas de catastrophe technologique ayant endommagé les parties communes, sont également prises, non pas à la majorité simple de l'article 24, mais à la majorité « des copropriétaires présents ou représentés » soit à la majorité des copropriétaires en nombre et non pas en voix (L. 1965 art. 38-1). Pour ce faire, le syndic doit convoquer l'assemblée dans les quinze jours suivant l'atteinte portée aux parties communes et l'assemblée devra se réunir dans les deux mois.

B. Les décisions relevant de la majorité simple

Les nombreuses décisions devant faire l'objet d'un vote à la majorité simple ont été étendues par la loi du 13 décembre 2000. Elles peuvent être regroupées autour de quatre catégories principales.

1. Les actes d'administration courante

Tous les actes qui concernent l'administration courante de l'immeuble requièrent un vote à la majorité simple. Tel est le cas, par exemple, des situations suivantes :

- Décisions d'administration touchant le syndic (fixation des honoraires, approbation des comptes, autorisation donnée au syndic d'intenter une action en justice...) ;
- fixation du lieu de la réunion d'assemblée *(▪ Cass. 3e civ. 10 juin 1970 : JCP 1970, II, note E.-J ; Guillot)* ;
- décisions relatives aux polices d'assurances de l'immeuble et plus généralement des conventions entre le syndicat et le syndic, ses préposés, parents ou alliés jusqu'au troisième degré inclus, ou ceux de son conjoint au même degré (D. art. 39). L'exigence d'une approbation de l'assemblée a pour but d'éviter toute collusion pour la passation de marchés ou de contrats de fournitures avec des personnes liées au syndic ;
- décisions concernant l'achat de matériel destiné à faciliter la gestion de la copropriété (par ex. un ordinateur ▪ *CA Versailles, 6 juill. 1987 : Rev. loyers 1998, 33)* ;
- décisions d'aménagements de faible importance (par ex. installation d'un téléphone dans la loge du concierge, de l'éclairage dans une cave, de la pose de vasques de fleurs (▪ *Cass. 3e civ., 13 déc. 1977 : Gaz. Pal. 1978, 1, somm. p. 87)* ;
- décisions relatives à la mise en location de parties communes (par ex. un mur aveugle), à moins que la location porte atteinte à la destination de l'immeuble ou aux droits de certains copropriétaires. Dans cette hypothèse, il conviendrait de recourir à une majorité plus forte.

2. Les décision relatives à la jouissance des parties communes

Lorsque l'assemblée est amenée à statuer sur une question touchant à la jouissance des parties communes ou aux modalités d'usage des éléments d'équipement communs, le recours à la majorité simple de l'article 24 s'impose. Ainsi, l'assemblée peut statuer à cette majorité pour prendre une décision interdisant l'accès aux parties communes de l'immeuble à des véhicules appartenant à des tiers à la copropriété (▪ *Cass. 3e civ. 24 oct. 1973 : JCP 1973. IV. 393)*.

La majorité simple est toutefois écartée lorsque la jouissance des parties communes ou l'utilisation d'un élément d'équipement commun est affecté de façon profonde. En d'autre termes, si la modification apportée est trop importante, la majorité simple ne suffit plus et l'assemblée doit statuer à la majorité qualifiée (V. *infra* § 3). Il a été jugé ainsi pour :

- la décision autorisant l'installation d'une cuve à essence dans le local d'un commerçant au motif qu'elle avait pour objet de modifier la jouissance et l'usage du sol, partie commune (▪ *Cass. 3e civ., 16 janv. 1979 : Gaz. Pal. 1979, 1, pan. 221)* ;
- la décision de réserver des places de stationnement dans la cour de l'immeuble aux copropriétaires occupants disposant d'une voiture moyennant un loyer mensuel au profit du syndicat (▪ *CA Paris, 23e ch. B, 27 janv. 2000 : Loyers et copr. 2000, n° 147, obs. G. Vigneron)*.

3. Les décisions relatives à l'entretien de l'immeuble

Un immeuble en copropriété doit, à l'évidence, être entretenu. Hormis en cas d'urgence, auquel cas le syndic dispose d'un pouvoir d'action autonome, il appartient à l'assemblée de décider de procéder à des travaux de réfection, de remplacement ou de restauration de parties communes ou d'éléments d'équipement communs lorsque le besoin s'en ressent.

Sans conteste, l'assemblée statue, à la majorité simple de l'article 24 de la loi du 10 juillet 1965, pour tout ce qui touche à la réfection d'éléments d'équipements communs (par ex. une cage d'escalier ou un ascenseur ▪ *TGI Saint Etienne, 3 janv. 1968 : Inf. rap. copr., mars 1968, p. 46*), voire pour décider d'un remplacement par un autre élément d'équipement si nécessaire (▪ *CA Aix, 13 déc. 1983 : Bull. Aix 1983/3 p. 29)*.

L'assemblée statue encore à la majorité simple pour toutes les décisions qui concernent l'entretien du gros œuvre de l'immeuble. Ainsi, le ravalement de l'immeuble doit être décidé à cette majorité. Néanmoins s'il ne relève pas de l'entretien et qu'il ne s'impose pas absolument, il pourra être considéré comme entrant dans la catégorie des travaux d'amélioration de l'immeuble, auquel cas, l'assemblée devra statuer à la majorité qualifiée de l'article 26 de la loi du 10 juillet 1965 (par ex. ▪ *TGI Nanterre, 7 janv. 1981, Gaz. Pal. 1981, 1, 274 note Morand).* La détermination de la nature des travaux envisagée (conservation, réfection, amélioration) est en effet essentielle, car elle induit le choix d'une majorité plutôt qu'une autre, ce qui ne va pas, parfois, sans soulever quelques difficultés d'application. Ceci d'autant plus, que si les travaux sont prescrits par l'autorité administrative, la décision est prise, on va le voir, à la majorité absolue.

En outre, l'article 93-1 de la loi n° 2003-590 du 2 juillet 2003 prévoit que les travaux d'accessibilité aux personnes handicapées ou à mobilité réduite, sous réserve qu'ils n'affectent pas la structure de l'immeuble ou ses éléments d'équipements essentiels, ou l'autorisation donnée à certains copropriétaires d'effectuer à leurs frais des travaux de même nature affectant les parties communes ou l'aspect extérieur de l'immeuble, sous les mêmes réserves, peuvent être autorisés à la majorité simple.

Cette formulation permet d'envisager largement la notion de travaux d'accessibilité aux handicapés. D'abord toute personne doit pouvoir en bénéficier dès lors que sa mobilité est réduite sans qu'il y ait lieu, par exemple, d'exiger un handicap moteur. Ensuite, en visant les « personnes » et non pas simplement les copropriétaires handicapés, le texte n'exige pas forcément, à notre avis, pour justifier un tel vote, qu'un copropriétaire handicapé réside dans l'immeuble. La finalité de ce texte est bien de faciliter l'accès des immeubles à toute personne présentant une mobilité réduite. En revanche, selon cet article, ces travaux ne doivent pas affecter « la structure de l'immeuble ou de ses éléments d'équipement commun ». En d'autres termes, les travaux ne doivent pas affecter en profondeur le gros œuvre. Si tel devait être le cas, ils s'assimileraient à des travaux d'amélioration nécessitant un vote à la majorité qualifiée de l'article 26 L. 10 juill. 1965 (par ex. installation d'un appareil élévateur pour handicapés affectant l'aspect extérieur de l'immeuble et qui s'avère inesthétique ▪ *Cass. 3e civ., 10 nov. 1987 : Loyers et copr. 1987, n° 461)*, voire même à l'unanimité si les travaux portent atteinte aux modalités de jouissance des parties privatives ou à la destination de l'immeuble. En somme, pour donner quelques exemples, les travaux d'accessibilité aux personnes handicapées à mobilité réduite, décidés à la majorité absolue peuvent concerner la pose d'un ascenseur, la création de places de stationnement réservées ou encore l'élargissement d'une porte, dès lors que la structure de l'immeuble n'est pas touchée.

4. Certaines décisions intéressant le règlement de copropriété

Relèvent de la majorité simple les décisions d'adaptation du règlement de copropriété liées aux modifications législatives intervenues depuis son établissement (l'article L 49, impose une telle adaptation que le syndic doit proposer à l'assemblée des copropriétaires), à condition d'intervenir avant le 13 décembre 2005. Au delà ce sont les dispositions de droit commun de la loi de 1965 relatives à la modification du règlement de copropriété qui s'appliqueront ; la majorité de l'article 24 ne sera retenue que pour retrancher du règlement une clause réputée non écrite (Rép. pin. N° 12894 JO AN Q 14 avr. 2003 p. 2993).

Ce régime dérogatoire permet la modification du règlement de copropriété et d'application étroite. Il ne concerne que les modifications résultant de la loi au sens large (loi votée par le parlement et textes réglementaires) intervenues postérieurement à la rédaction (originelle ou non) du règlement, mais non les solutions résultant d'évolutions jurisprudentielles. Il ne permet pas de régulariser des situations de fait intervenues hors de toute modification légale ou réglementaire ni de modifier des dispositions du règlement qui ne contredisent aucune loi ou aucun règlement applicable à la copropriété. Il en sera ainsi des erreurs de calculs du quantum des charges ou encore des modifications des quotes-parts des parties communes (en ce sens, V. Recommandation n° 23 du 21 mai 2003 de la commission relative à la copropriété).

On notera que les frais inhérents à cette adaptation du règlement n'entrent pas dans les dépenses de maintenance comprises dans le budget prévisionnel. Ils doivent donc faire l'objet d'un vote spécifique quant à leur montant et à l'échéancier des appels de fonds correspondants.

Relèvent également de la majorité simple les décisions d'adaptation du règlement de copropriété rendues nécessaires par une scission de copropriété. De la même façon, les résolutions intéressant la constitution d'une union de syndicat à la suite d'une scission de copropriété peuvent être adoptées à la majorité de l'article 24.

Il appartient au syndic de prendre l'initiative de ces modifications et de les faire adopter par l'assemblée. Il engagerait sa responsabilité s'il n'agissait pas dans les délais fixés.

§ 2. Les décisions prises à la majorité absolue

Pour un nombre important de décisions, l'assemblée doit statuer à la majorité absolue, c'est-à-dire à la majorité des voix de *tous* les copropriétaires (les voix des copropriétaires absents et non représentés sont donc prises en compte). L'article 25 de la loi du 10 juillet 1965 fournit une longue liste de douze décisions relevant de cette majorité, à laquelle il convient d'ajouter quelques autres décisions en vertu d'autres articles épars. Au total, la liste limitative des décisions soumises à un vote à la majorité absolue concerne principalement certains types de travaux (A) et une série de décisions diverses et variées (B). Lorsque la majorité absolue n'aura pas été atteinte, la loi permet désormais de soumettre le vote de la résolution concernée à la majorité de l'article 24 dans le cadre d'un second vote (C).

A. Les décisions relatives à des travaux

Il peut arriver, au sein d'une copropriété, qu'un ou plusieurs copropriétaires désirent effectuer des travaux qui vont affecter, à un titre ou à un autre, les parties commune ou l'aspect extérieur de l'immeuble. L'autorisation doit alors être demandée à l'assemblée (1). Bien évidemment, l'approbation de l'assemblée n'est pas requise pour des modifications n'affectant que les parties privatives. Des travaux peuvent aussi puiser leurs origines dans des dispositions légales ou réglementaires (2).

1. Les travaux effectués à la demande d'un ou plusieurs copropriétaires

L'autorisation donnée à certains copropriétaires d'effectuer à leurs frais des travaux affectant les parties communes ou l'aspect extérieur de l'immeuble, sous réserve d'être conformes à la destination de l'immeuble, nécessite un vote de l'assemblée à la majorité absolue (art. 25 b L. 10 juill. 1965). Il va de soi que l'autorisation donnée par l'assemblée n'a pas d'incidence financière pour les copropriétaires qui ne sont pas directement intéressés par les travaux. Seuls le (ou les) demandeur(s) participe(nt) à la dépense. Par ailleurs, en dépit de l'autorisation de l'assemblée, un copropriétaire est toujours en droit de demander réparation des dommages que les travaux lui ont causé en raison de leur mauvaise exécution. L'action doit alors se diriger contre ceux qui les ont fait exécuter, à savoir contre le (ou les) copropriétaire(s) qui sollicite(nt) les travaux (▪ *Cass. 3e civ., 6 nov. 1991 : RD imm. 1992, p. 118, obs. P. Capoulade et C. Giverdon).* Le syndicat des copropriétaires n'a pas à assumer les conséquences des dommages qui peuvent résulter d'une mauvaise exécution des travaux.

La première condition, tenant à la demande d'autorisation, est considérée comme une règle d'ordre public, fermement consacrée par la jurisprudence. La compétence de l'assemblée doit être considérée comme exclusive de toute autre. Le règlement de copropriété ne peut même pas en décider autrement et permettre au syndic ou au conseil syndical de les autoriser (par ex. ▪ *Cass. 3e civ., 9 févr. 1982 : JCP 1982, IV, 151 ; RD imm. 1982, p. 422, obs. F. Givord et C. Giverdon* ▪ *CA Paris, 23e ch. 25 nov. 1984 : Loyers et copr. 1995, n° 288).* Tout au plus est-il admis, en cas d'urgence, que des copropriétaires puissent accomplir des travaux sans avoir au préalable sollicité l'autorisation de l'assemblée (par ex. pour des travaux de colmatage d'une brèche ouverte par des cambrioleurs dans un mur séparant le local des intéressés des parties communes, ▪ *CA Paris 23e ch. B, 21 mai 1986 : RD imm. 1986, p. 495, obs. F. Givord et C. Giverdon).*

La deuxième condition, relative à l'obligation de respecter la destination de l'immeuble, est plus délicate à cerner car elle découle d'une interprétation au cas par cas des éléments soumis au juge, sachant que le juge peut désigner un expert pour recueillir tous les éléments d'appréciation (▪ *Cass. 3e civ., 21 févr. 1995 : RD imm. 1995, p. 382, obs. P. Capoulade ; Loyers et copr. juin 1995, n° 301).* Néanmoins, il est possible de clarifier quelque peu cette notion en précisant qu'elle est définie d'après « les actes », en tenant compte « des caractères ou de la situation de l'immeuble » (L. art. 8 al. 2). Les « actes » correspondent essentiellement au règlement de copropriété et à l'état descriptif de division. C'est ainsi que le règlement de copropriété peut inclure une clause stipulant que l'immeuble est à usage exclusif d'habitation, à usage mixte (habitation et commerce) ou à usage exclusivement commercial. Les « caractères de l'immeuble » s'entendent, par exemple, du genre de construction de l'immeuble (immeuble bourgeois par ex.), de son standing (condition sociale des occupants). La « situation de l'immeuble » s'apprécie, quant à elle, d'après l'environnement immédiat de l'immeuble (quartier résidentiel, quartier populaire par ex.). La mesure de l'ensemble de ces éléments à la date à laquelle statue le juge permet de déterminer la destination de l'immeuble et, partant, de savoir si les travaux envisagés sont de nature à la respecter. Si cette condition de conformité à la destination de l'immeuble est considérée comme remplie, peu importe alors que les travaux ne profitent qu'à un seul copropriétaire (par ex. percement d'un mur dans le seul intérêt d'un copropriétaire ▪ *Cass. 3e civ. 30 mai 1972 : JCP 1972, II, 17174, note E.J. Guillot).*

L'autorisation donnée à certains copropriétaires d'effectuer des travaux n'est pas nécessairement absolue et sans limites. L'assemblée peut tout à fait réserver son accord au respect de plusieurs conditions et exiger, par exemple, que l'architecte de l'immeuble contrôle l'exécution des travaux (▪ *Cass. 3e civ. 24 nov. 1987 : Loyers et copr. 1988, n° 41).* Mais, une fois donnée, l'autorisation ne peut être retirée lors d'une assemblée ultérieure. Sous réserve de respecter scrupuleusement l'étendue de l'autorisation, le demandeur bénéficie d'un droit acquis à l'accomplissement des travaux (▪ *CA Paris, 23e ch. A, 10 déc. 1997 : Loyers et copr. 1998, n° 146).*

Il peut arriver, dans certains immeubles, que des copropriétaires mal informés ou mal intentionnés accomplissent divers travaux sans solliciter l'accord de l'assemblée. Dans l'un et l'autre cas, le syndicat des copropriétaires est bien évidemment en droit d'exiger l'arrêt des travaux, si ceux-ci sont en cours, ou la démolition des ouvrages achevés. Tout copropriétaire peut en faire de même dans la mesure où il subit un préjudice personnel dans la jouissance ou la propriété, soit des parties privatives comprises dans son lot, soit des parties communes (▪ *Cass. 3e civ., 30 juin 1992 : Loyers et copr. 1992, n° 407).* L'action se prescrit par dix ans à compter du début des travaux sauf lorsque les travaux effectués se matérialisent par une appropriation des parties communes (par ex. un copropriétaire qui annexe une courette ▪ *Cass. 3e civ., 11janv. 1989 : Loyers et copr. 1989, n° 151).* Pour ce type d'actions tendant à faire reconnaître ou protéger le droit de propriété, le délai de prescription est porté à trente ans.

Les juges ordonnent régulièrement la remise en état des lieux, y compris pour des travaux de peu d'importance. Pour la Cour de cassation, « tout empiétement quelle que soit son importance doit être sanctionné » (▪ *Cass. 3e civ., 17 avr. 1991 : RD imm. 1991, p. 377).* La démolition peut-être décidée par le juge des référés (▪ *Cass. 3e* civ., 6 mars 1991 : *RD imm.* 1991, p. 250). Elle peut l'être, au besoin sous astreinte. C'est ainsi, par exemple, que la remise en état des lieux a pu être exigée suite à la pose d'un velux dans la toiture (▪ *Cass. 3e civ., 18 janv. 1972 : JCP 1972, IV, n° 380)* ou la fermeture d'une loggia ▪ *CA Paris, 2 avr. 1990 : Loyers et copr. n° 273).*

Peu importe en réalité que l'intéressé ait obtenu ou non un permis de construire (▪ CA Paris, 23e ch. B, 27 avr. 1990 : *Loyers et copr.* juill. 1990, n° 327). L'essentiel réside dans l'obtention de l'autorisation par l'assemblée et, de toute façon, il est aujourd'hui acquis en jurisprudence que les autorités administratives se doivent de refuser un tel permis si la preuve de l'autorisation n'est pas rapportée dans le dossier du permis (v. par ex. ▪ *Cons. d'Et. 28 juill. 1993 : JCP 1994, II, 22255, note Liet-Vaux et Sizaire ; Cons. d'Et. 5 mai 1999 : JCP 1999 N, p. 32 note B. Stemmer).*

L'autorisation préalable de l'assemblée apparaît finalement comme la condition indispensable à la régularité des travaux effectués à la demande d'un ou plusieurs copropriétaires. Il convient toutefois de tempérer ce constat en signalant qu'il est admis que l'assemblée puisse autoriser les travaux *a posteriori*. Il faut alors bien évidemment qu'elle soit saisie à cet effet. Dans ce cas, l'assemblée étant souveraine, elle peut redresser l'irrégularité des travaux engagés sans autorisation initiale par un vote explicite (par ex. ▪ *Cass. 3e civ. 20 nov. 1985 : JCP 1986, IV, n° 47 ; JCP N 1986, prat. n° 490),* soit, même, de façon plus implicite (par ex. en décidant de ne pas procéder à la démolition de l'ouvrage (▪ *Cass. 3e civ., 19 nov. 1997 : Loyers et copr. févr. 1998, n° 56).*

Parmi les nombreux exemples de travaux nécessitant l'obtention d'une décision de l'assemblée à la majorité absolue, il est possible de citer :

- L'agrandissement de fenêtres donnant sur une cour (▪ *Cass. 3e civ., 18 mai 1983 : JCP 1983, IV, n° 233) ;*

- la réouverture d'une fenêtre obturée (▪ *Cass. 3e civ., 12 mai 1993 : RD imm. 1993, p. 409, obs. C. Giverdon) ;*

- l'ouverture d'une porte dans un mur commun (▪ *Cass. 3e civ., 29 mai 1973 : Gaz. Pal. 1973, II, p. 938* ▪ *CA Paris, 19e ch. B, 1er déc. 1994 : D. 1994, somm. p. 124, obs. C. Atias) ;*

- la construction d'une véranda démontable sur un jardin commun en jouissance exclusive (▪ *CA Paris, 23e ch. A, 10 déc. 1997 : Loyers et copr. 1998, n° 147, note G. Vigneron) ;*

- les travaux qui affectent la façade de l'immeuble tels que la pose de plaques professionnelles (▪ *TGI Paris, 2 mai 1968 : Gaz. Pal. 1968, 2, 102, note Morand)* ou l'installation de panneaux publicitaires (▪ *Cass. 3e civ., 24 oct. 1990 : RD imm. 1991, p. 94, obs. F. Givord et C. Giverdon) ;*
- l'installation de climatiseurs qui empiètent sur la façade (▪ *CA Paris, 23e ch. B, 7 juin 2001 : Loyers et copr. 2001, n° 303) ;*
- l'installation d'une trémie dans un plancher, partie commune, dans le but de faire communiquer deux lots situés l'un au dessus de l'autre appartenant à un même copropriétaire (▪ *Cass. 3e civ., 14 févr. 1996 : Bull. civ. III, n° 42)* et, plus généralement, le percement d'un mur commun pour faire communiquer deux appartements ou pour créer un nouvel accès aux partie communes *(▪ CA Paris, 23e ch. 9 nov. 1993 : Loyers et copr. 1994, n° 89) ;*
- l'installation d'un ascenseur (par ex. ▪ *CA Paris, 23e ch., 6 mars 1995 : Loyers et copr. 1995, n° 346)* ou la prolongation de la course de l'ascenseur jusqu'à un étage supérieur (▪ *CA Paris, 23e ch. B, 30 nov. 1990 : Loyers et copr. févr. 1991, n° 92).*

Lorsque l'assemblée générale refuse d'autoriser des travaux visés par l'article L. 25 b, tout copropriétaire ou groupe de copropriétaires peut être autorisé en justice (TGI) à exécuter, aux conditions fixées par le tribunal du lieu de situation de l'immeuble collectif, tous travaux d'amélioration conforme à la destination de l'immeuble. Le recours du copropriétaire doit être formé dans les deux mois de la notification de la décision de refus effectuée par le syndic (cf. art. L 42 al. 2). Le refus d'autorisation judiciaire ne peut intervenir que lorsque les travaux envisagés sont contraires à la destination de l'immeuble ou portent atteinte aux droits des autres copropriétaires *(▪ Civ. 3, 20 juill. 1999, JCP 2000 II 10343 note Laurent*). Telle n'est pas le cas d'une demande d'autorisation de transformer des parkings ouverts en boxes fermés *(▪ Versailles 14 déc. 1999 Rev. Administrer juin 2000 61 obs. Bouyeure).*

Le tribunal qui autorise les travaux d'aménagement sollicités par un copropriétaire, refusés par l'assemblée, doit fixer les conditions dans lesquelles les autres copropriétaires pourront utiliser les installations ainsi réalisées. Il n'est pas nécessaire que les installations réalisées puissent être utilisées par l'ensemble des copropriétaires *(▪ Civ. 3, 30 juin 1992, RDI 1992 547 obs. P. Capoulade).* Lorsqu'il est possible d'en réserver l'usage à ceux des copropriétaires qui les ont exécutées, les autres copropriétaires ne pourront être autorisés à les utiliser qu'en versant leur quote-part du coût de ces installations, évalué à la date où cette faculté est exercée (art. L 30). Le copropriétaire qui vend son lot après avoir réalisé des travaux d'aménagement perd son droit à percevoir une indemnisation. Ce droit est transféré à son acquéreur (▪ *CA Paris 31 mai 2001, Rev. Loyers et copr. 2001 n° 304 obs. Vigneron).*

2. Les travaux prévus par des dispositions légales

Le recours à un vote à la majorité absolue pour d'autres travaux que ceux effectués à la demande d'un ou de plusieurs copropriétaires est prévu par la loi. Il s'agit de travaux obligatoires ou facultatifs en vertu de dispositions législatives ou réglementaires.

a) Les travaux rendus obligatoires

L'article 25 *e* de la loi du 10 juill. 1965 dispose que les travaux « rendus obligatoires en vertu de dispositions législatives ou réglementaires » doivent faire l'objet d'un vote à la majorité absolue. Cet article concerne de nombreuses situations motivées par un souci de sécurité, de salubrité, d'hygiène, d'urbanisme ou d'esthétique. Il importe peu que le texte imposant les travaux soit une loi, un décret ou un arrêté. En revanche, il ne peut s'agir d'une simple circulaire (▪ *TGI Lyon, 15 mars 1972, II, 17251 : D. 1972, p. 331).* Au nombre de ces travaux, il est possible de citer l'obligation faite aux copropriétaires de rechercher la présence d'amiante (décret n° 96-97 du 7 févr. 1996).

Lorsque des travaux sont rendus obligatoires par des dispositions législatives ou réglementaires, l'assemblée n'est évidemment pas juge de leur opportunité puisque, par définition, ceux-ci sont obligatoires. Elle est donc tenue de se prononcer sur les modalités de réalisation des dits travaux. Ni le syndic, sauf en cas d'urgence, ni le juge ne peuvent se substituer à l'assemblée pour fixer les modalités de réalisation et d'exécution des travaux (V. pour le premier ▪ *CA Paris, 14 mars 1973 : Gaz. Pal. 1973, 1, 261*et pour le second ▪ *CA Paris, 2 nov. 1978 : D. 1979. IR. 126, note C. Giverdon).* Dans l'hypothèse où elle s'abstient, l'administration peut prendre diverses mesures cœrcitives en empêchant l'utilisation de l'élément d'équipement défectueux (par ex. un ascenseur) ou en imposant l'exécution d'office des travaux (par ex. un ravalement de la façade). La responsabilité du syndicat peut également se trouver engagée et des sanctions pénales peuvent être encourues. Enfin, en cas de refus délibéré de l'assemblée de procéder aux travaux, les copropriétaires peuvent saisir le juge pour mettre en demeure le syndicat d'exécuter les travaux, au besoin sous astreinte.

b) Les travaux facultatifs

Toute une série de travaux, explicitement visés par l'article 25 L. 10 juill. 1965, doivent être votés à la majorité absolue. Ces travaux ne sont pas obligatoires mais si l'assemblée décide de les réaliser, cette majorité est requise.

En premier lieu, les travaux d'économie d'énergie et d'eau sont concernés. L'article 25 *g* dresse une liste limitative des travaux concernés. Entrent dans cette énumération les travaux relatifs à « l'isolation thermique du bâtiment, le renouvellement de l'air, le système de chauffage et la production d'eau chaude ». Toutefois, l'application de l'article 25 *g* ne se conçoit uniquement que si les travaux sont « amortissables sur une période inférieure à dix ans ». A défaut, il faudra recourir à la majorité plus forte de l'article 26 (V. *infra § 3*). Bien évidemment, comme il a été vu, si les travaux sont rendus nécessaires par l'usure ou la vétusté, il faut alors considérer que c'est la majorité de droit commun de l'article 24 - majorité simple - qui s'applique car il s'agit d'une décision concernant l'administration de l'immeuble (par ex. pour une installation de chauffage ▪ *Cass. 3e civ., 22 mai 1997, Rev. administrer nov. 1997, p. 72, obs. P. Capoulade ; D. 1997, somm. p. 328, note C. Atias ; Loyers et copr. août-sept. 1997, n° 240)*. Entre encore dans le cadre des décisions votées à la majorité absolue, l'installation de compteurs d'eau froide divisionnaires (art. 25 *m* L. 10 juill. 1965).

En deuxième lieu, les travaux de mise en conformité aux normes sont concernés. L'article 25 *h* indique que les travaux concernant « la pose dans les parties communes de canalisations ou de gaines » ou « la réalisation des ouvrages » dans le but d'adapter l'immeuble aux normes minimales de sécurité, de salubrité et d'équipement telles qu'elles sont définies par un décret n° 68-976 du 9 nov. 1968 (*D.* 1968, législ. p. 315) nécessitent un vote à la majorité absolue. Pour que cet article s'applique, il faut que les travaux soient accomplis en vue de répondre à ces normes minimales et qu'ils portent sur les parties communes. Ainsi, parce qu'elle ne relève pas des dispositions de ce texte, la décision relative à l'installation d'un interphone dans une cabine d'ascenseur doit être prise à la majorité qualifiée de l'article 26 L. 10 juill. 1965 (▪ *CA Paris 23e ch. A. 6 mai 1998 : Loyers et copr. nov. 1998, n° 286)*. Les décisions concernant la suppression des vide-ordures pour des impératifs d'hygiène et celles relatives à l'installation de compteurs d'eau froide divisionnaires » doivent également être décidées à la majorité absolue (L 25 i et m).

En troisième lieu, les travaux concernant l'installation ou la modification d'une antenne ou d'un réseau interne raccordé à un réseau câblé suppose une décision de l'assemblée statuant à la majorité absolue (art. 25 *j* L. 10 juill. 1965). L'installation ou la modification d'antennes collectives hertziennes ou paraboliques permettant de recevoir des émissions radio ou de télévision entrent dans les prévisions de cet article. Il faut y inclure toutes les décisions de raccordement de l'immeuble à un réseau câblé. C'est encore à cette même majorité que l'assemblée décidera des mesures liées à cette installation (choix du contrat d'abonnement par ex.).

En quatrième et dernier lieu, un vote à la majorité absolue est aussi nécessaire pour « les travaux destinés à améliorer l'alimentation en courant électrique des emplacements de stationnement notamment pour permettre la charge des accumulateurs de véhicules électriques ».

B. Les autres décisions

Outre les décisions relatives à des travaux, l'assemblée peut être amenée à statuer à la majorité absolue dans plusieurs cas de figure.

1. La délégation de pouvoirs

L'assemblée peut décider de déléguer ses pouvoirs. Cette faculté est explicitement envisagée par l'article 25 *a* L. 10 juill. 1965 sous réserve qu'elle ne concerne que des décisions d'administration courante (c'est à dire des décisions relevant de la majorité de l'article 24 ; sur cette catégorie d'actes, v. *supra*). En conséquence, une délégation de pouvoirs ne saurait être admise en vue d'accomplir un acte de disposition (▪ *CA Colmar 28 févr. 1997 : Bull. inf. C. Cass. 15 juill. 1997, n° 943)* de la même façon que l'assemblée ne peut confier à quiconque le soin de choisir ou de révoquer le syndic (par ex. ▪ *Cass., 5 déc. 1962 : AJPI 1963, II, note Cabanac* ▪ *Cass. 3e civ., 25 mai 1976 : JCP 1976, IV, 238 ; RTD civ., 1976, p. 806, note C. Giverdon).*

La délégation de pouvoir n'est valable qu'en présence d'un vote express de l'assemblée et sous réserve que la question ait figuré sur l'ordre du jour (▪ *TGI Paris 8e ch., 22 sept. 1998 : Rev. Administrer févr. 1999, p. 64).* Il ne peut y avoir de délégation générale. Ce vote doit porter sur un « acte ou une décision expressément déterminé » et quelles que soient les situations envisagées, la délégation ne peut priver l'assemblée de son pouvoir général de contrôle sur l'administration de l'immeuble et la gestion du syndic (D. art. 21). Le décret du 27 mai 2004 prévoit que cette délégation peut autoriser son bénéficiaire à décider des dépenses dont l'assemblée détermine l'objet et fixe le montant maximum. La ligne de crédit ouverte n'est plus laissée à la discrétion du délégataire ; elle ne peut être utilisée que pour l'objet défini par la délégation.

La délégation peut être donnée à toute personne (le syndic, le conseil syndical, le président du conseil syndical, un ou plusieurs copropriétaires, voire même une personne étrangère à la copropriété, par exemple, un expert) et il a été admis par la jurisprudence que l'assemblée puisse charger des copropriétaires d'étudier des devis et de choisir une entreprise (▪ *TGI Paris 9 févr. 1980 : JCP 1981, IV, 361)* ou de confier cette mission au conseil syndical tout en délégant au syndic la mission de rechercher un financement (CA Paris 23e ch. B, 22 mai 1998 : *Loyers et copr.* déc. 1998, n° 318). Le délégataire devra rendre compte de l'exécution de sa mission à l'assemblée (D. 1967 art. 21).

2. La Désignation ou la révocation du syndic et du conseil syndical

La désignation du syndic par l'assemblée doit se faire à la majorité absolue sachant que la durée du mandat du syndic ne peut excéder trois ans, sauf lorsque les fonctions de syndic sont exercées par l'organisme d'HLM propriétaire des logements ou par une personne ayant directement ou indirectement participé à la construction de l'immeuble collectif (D. art. 28 al. 2). La règle de majorité ne souffre pas d'exception et seul un vote explicite augure de sa désignation effective. Toute possibilité de mandat « tacite » doit être écartée (▪ *CA Paris 23e ch. B., 3 oct. 1984 : RD imm. 1985, p. 190, obs. F. Givord et C. Giverdon* ▪ *Civ 3, 26 mars 1997 IR copr. 1998 p. 11 note Capoulade).* Conformément aux dispositions de l'article 11 D. 17 mars 1965, le contrat de syndic doit être joint à la convocation de l'assemblée au cours de laquelle la désignation du syndic est évoquée. La nouvelle rédaction de l'article D 28 *in fine* qui précise : « le syndic peut être de nouveau désigné par l'assemblée générale pour les durées prévues… » permet de souligner que la désignation du syndic n'est pas une reconduction de sa mission antérieure. La nouvelle rédaction de l'article D 29 permet quant à elle de mettre fin à la distinction qui avait précédemment cours entre la décision de désignation du syndic (décidée à la majorité de l'article L 25) et les modalités d'exécution de son mandat (décidées à la majorité simple de l'article L 24). Désormais, « la décision qui désigne le syndic et qui approuve le contrat de mandat est votée par l'assemblée à la majorité de l'article 25 de la loi du 10 juillet 1965 ».

Le contrat de mandat du syndic doit, au minimum, préciser sa durée, sa date de prise d'effet ainsi que les éléments de détermination de la rémunération du syndic et les conditions d'exécution de sa mission en conformité avec les dispositions des articles 14 et 18 de la loi du 10 juillet 1965. La clause inhérente à la durée et à la prise d'effet du mandat doit être dépourvue de toute ambiguïté et celle relative à la rémunération du syndic ne peut renvoyer à une décision postérieure, judiciaire ou non.

La révocation du syndic répond aux mêmes principes. Le syndic nommé par l'assemblée ne peut être révoqué que par une décision d'assemblée. Dans ce cas, elle présente un effet immédiat. Encore faut-il que la décision soit expresse en ce sens. Un refus de quitus, par exemple, ne peut se traduire par une volonté de révocation du syndic (▪ *Cass. 3e civ., 24 mai 1978 : JCP 1979, II, 19054, note C. Atias).* Lorsque la révocation intervient en cours de mandat, le syndicat doit alors démontrer que le syndic a manqué à ses obligations, à défaut il s'expose à une demande d'indemnité du syndic (par ex. ▪ *Cass. 3e civ. 27 avr. 1988 : D. 1988, IR, p. 132) 1976, IR, p. 318).*

☞ *La durée du mandat du syndic étant au maximum de trois ans, rien n'interdit de prévoir une durée moindre. Il est donc conseillé de prévoir un contrat d'un an et de nommer à nouveau le syndic lors de chaque assemblée générale.*

☞ *En cas de changement de syndic, l'ancien syndic est tenu de remettre au nouveau syndic, dans un délai d'un mois suivant la cessation de ses fonctions, la situation de trésorerie, la totalité des fonds immédiatement disponibles et l'ensemble des documents et archives du syndicat. Dans les deux mois de l'expiration de ce premier délai, l'ancien syndic doit verser au nouveau syndic le solde des fonds disponibles après apurement des comptes et lui fournir l'état des comptes des copropriétaires ainsi que celui du syndicat (article* L *18-2). La transmission des documents et archives du syndicat (au besoin sous astreinte) doit être accompagnée d'un bordereau récapitulatif de pièces dont copie est remise au conseil syndical (art. D 33-1).*

3. Les actes de disposition sur les parties communes

Lorsque l'assemblée est amenée à prendre une décision relative à un acte de disposition sur les parties communes ou sur les droits accessoires à ces parties communes du fait d'obligations légales ou réglementaires, un vote à la majorité absolue est nécessaire (art. 25 *d* L. 10 juill. 1965). A titre d'exemple, trois mesures sont visées par cet article, à savoir la création d'une servitude de cour commune, l'établissement d'autres servitudes et la cession de droits de mitoyenneté.

C'est l'origine légale ou réglementaire de ces actes de dispositions qui légitime un simple vote à la majorité absolue. D'ordinaire un acte de disposition doit être décidé à la majorité qualifiée (V. *infra*). Le caractère obligatoire de ces aliénations implique encore que la délibération ne pourra porter que sur les conditions de mise en œuvre de la mesure et non sur son principe.

4. La modification de la répartition des charges

L'article 25 *f* prévoit un vote à la majorité absolue lorsqu'il convient de modifier la répartition des charges à la suite d'un changement de « l'usage d'une ou plusieurs parties privatives ». Cet article ne justifie pas une modification de la répartition des charges concernant l'entretien, la conservation et l'administration des parties communes. Les charges visées sont uniquement celles entraînées par les services collectifs et éléments d'équipement communs (▪ *CA Paris, 23e ch. B, 25 févr. 1987 : RTD civ. 1987, note C. Giverdon et P. Salvage-Gerest).* Les charges dites de services collectifs et les éléments d'équipement communs correspondent, entre autres, aux dépenses concernant un ascenseur, une antenne de télévision, au chauffage collectif. Elles recouvrent aussi bien les dépenses liées à la remise en état, au remplacement, à la réfection ou à la mise en conformité de ces services ou éléments.

Deux conditions cumulatives sont nécessaires pour envisager une modification de la répartition des charges. La première tient au changement d'usage d'un local. C'est le cas, par exemple, d'un local à usage d'habitation qui est affecté à un usage commercial ou professionnel (ou l'inverse), sous réserve bien évidemment que le règlement de copropriété permette de telles affectations (par ex. ▪ *Cass. 3e civ. 22 juill. 1998 : Loyers et copr. 1998, n° 277 ; RD imm. 1998, p. 638, note P. Capoulade et G. Givedon).* En revanche le seul changement de la nature de l'activité commerciale ou professionnelle n'est pas considéré comme un changement de l'usage d'une partie privative (par ex. une transformation d'un cabinet médical en un cabinet dentaire ▪ *TGI Nanterre, 13 janv. 1984 : Rev. Administrer, mai 1984, p. 46, obs. E.-J. Guillot ; RD imm. 1984, p. 349, obs. F. Givord et C. Giverdon).* La seconde tient au fait que le changement d'usage doit forcément entraîner une aggravation des charges (▪ *TGI Nanterre, 13 janv. 1984, préc.).*

5. L'autorisation donnée aux forces de l'ordre de pénétrer dans les parties communes

L'assemblée à la majorité absolue peut accorder une autorisation à la police et à la gendarmerie de pénétrer dans les parties communes de l'immeuble. Il s'agit là d'une autorisation qualifiée par l'article 25 *k* L. 10 juill. 1965 de « permanente ». Ce terme signifie simplement que l'autorisation, une fois donnée, est valable vingt-quatre heures sur vingt-quatre, de jour comme de nuit. Il paraît légitime qu'une autre assemblée puisse, pour des raisons qui lui appartiennent, décider de révoquer cette autorisation.

En résumé, les situations relevant d'un vote à la majorité absolue s'avèrent fort nombreuses. Il convient d'apporter une précision commune à l'ensemble des situations examinées. Lorsque l'assemblée qui doit statuer à la majorité absolue ne parvient pas à réunir le nombre de voix suffisantes, deux solutions sont envisageables (art. 25 *in fine* L. 1965). Soit la résolution a recueillie au moins un tiers des voix de tous les copropriétaires et alors l'assemblée peut procéder immédiatement à un second vote, à la majorité relative cette fois. Soit la résolution n'a pas obtenu au moins un tiers des voix de tous les copropriétaires et alors, une nouvelle assemblée peut être convoquée, dans les trois mois suivants, pour statuer à la majorité simple. Dans le cas où l'assemblée refuse de donner à cette majorité l'autorisation à un ou plusieurs copropriétaires d'effectuer à leurs frais des travaux, une possibilité supplémentaire est ouverte. Le copropriétaire intéressé ou le groupe de copropriétaire peut demander une autorisation au tribunal de grande instance (L. art. 30). Il est à noter que cette demande ne peut aboutir si les travaux ont déjà été effectués (par ex. ▪ *Cass. 3e civ., 21 déc. 1987 : D. 1988, p. 338, note C. Atias).*

C. Second vote des résolutions non adoptées ou non rejetées à la majorité absolue

Lorsque l'assemblée générale des copropriétaires n'aura pas adopté ou rejeté le projet de résolution qui lui était soumis à la majorité absolue des voix composant le syndicat, le projet de résolution peut à nouveau être soumis au vote. En effet, l'article L 25-1 nouveau prévoit une telle possibilité dont les modalités varient selon que le projet aura ou non remporté un tiers des voix du syndicat dans le cadre du premier vote.

1. Second vote au cours de la même assemblée

Si le projet a recueilli au moins un tiers des voix de tous les copropriétaires composant le syndicat, un second vote par la même assemblée peut intervenir à la majorité de l'article L 24. Ce deuxième vote, qui peut intervenir soit immédiatement soit à un moment quelconque au cours de la même assemblée, est une obligation et non une faculté.

Dans le cas prévu à l'article 21 alinéa 2 de la loi de 1965, où l'assemblée est appelée à approuver un contrat, un devis ou un marché » mettant en concurrence plusieurs candidats, il est obligatoire, avant de procéder à un second vote à la majorité de l'article 24, de voter sur chacune des candidatures à la majorité de l'article 25 (D. 1967 art. 19 al. 2). L'assemblée peut toutefois décider que la question sera inscrite à l'ordre du jour d'une assemblée ultérieure. Mais cette assemblée sera une nouvelle assemblée qui devra statuer à la majorité de l'article 25. Elle ne doit pas être confondue avec celle qui doit être tenue lorsque le projet de résolution devant être adopté à la majorité de l'article 25 recueille moins d'un tiers des voix de tous les copropriétaires.

2. Second vote au cours d'une assemblée ultérieure

La nouvelle assemblée visée à l'article 25-1 de la loi de 1965 est appelée à statuer à la majorité de l'article 24 lorsque le projet initialement soumis à la majorité de l'article 25 « n'a pas recueilli au moins le tiers des voix de tous les copropriétaires ».

La convocation de cette nouvelle assemblée doit, lorsqu'elle s'avère utile, être réalisée par le syndic. Selon une réponse ministérielle, cette convocation est en effet facultative pour le syndic sauf s'il est requis d'y procéder par un ou plusieurs copropriétaires représentant au moins un quart des voix (Rép. min. n° 21479 : JOAN Q 10 nov. 2003 p. 8650).

Les convocations en vue de la nouvelle assemblée doivent être expédiées (le cachet de la poste faisant foi) dans le délai maximal de trois mois à compter du jour où s'est tenue l'assemblée générale au cours de laquelle la décision n'a pas été adoptée (D. 1967 art. 19). Ce délai de convocation peut être réduit à huit jours. Les notifications prévues pour toutes assemblées n'ont pas à être renouvelées si l'ordre du jour de cette nouvelle assemblée porte sur des questions inscrites à l'ordre du jour de la précédente assemblée.

§ 3. Les décisions prises à la majorité qualifiée

Les décisions les plus importantes de la copropriété doivent être adoptées à la majorité qualifiée de l'article 26 de la loi du 10 juillet 1965, ou double majorité. Elle implique la réunion de la majorité en nombre des membres du syndicat représentant au moins les deux tiers des voix. La majorité en nombre s'apprécie au regard de l'ensemble des copropriétaires et la majorité des deux tiers sera décomptée par rapport à l'ensemble des membres du syndicat, et pas uniquement de ceux des copropriétaires présents ou représentés.

Ainsi, pour une copropriété comprenant 26 copropriétaires dont les droits sont répartis en 1000/1000, il faudra réunir 14 copropriétaires (présents ou représentés) réunissant au moins 667 /1000.

Il sera nécessaire de tenir compte, pour ces calculs, de la réduction des voix du copropriétaire majoritaire prévue à l'article L 22 al. 2 (cf. infra).

Un régime particulier est toutefois prévu pour les décisions intéressant les travaux d'amélioration de l'immeuble. Nous en préciserons le contenu après avoir indiqué quelles sont les décisions devant être adoptées à la majorité de l'article 26.

A. Les différents types de décisions pouvant être prises à la majorité de l'article 26

Les décisions particulièrement importantes pour les copropriétaires doivent être adoptées à cette majorité. Il s'agit des ventes ou acquisitions immobilières volontaires, de l'établissement ou de la modification du règlement de copropriété relativement à l'usage et à la gestion des parties communes, ainsi que des travaux d'amélioration à entreprendre par le syndicat.

1. Les actes d'acquisition ou de disposition immobilières

Il s'agit des actes d'achat ou de vente d'immeubles autres que ceux visés à l'article 25 de la loi du 10 juillet 1965.

L'assemblée peut ainsi décider à la double majorité de l'article L 26 la concession de la jouissance exclusive d'une parcelle commune à un copropriétaire pour y construire un bâtiment privatif (Civ. 3, 2 mai 1978, D 1978 IR p. 428), l'octroi de la jouissance exclusive d'un balcon à un copropriétaire *(▪ CA Aix en Provence 10 janv. 1985 RDI 1985 p. 90)* ou d'une portion de couloir commun non utile au respect de la destination de l'immeuble *(▪ Civ. 3, 18 juill. 1986 : Administrer déc. 1986. 37 obs. Guillot)*, la suppression de jardinières *(▪ Civ. 3, 19 fév. 2002 AJDI 2002 p. 860)*.

Sont également concernés les actes d'aliénation des parties communes et les travaux à effecteur sur celles-ci pour l'application de l'article 25 de la loi n° 96-987 du 14 novembre 1996 relative à la mise en œuvre du pacte de relance pour la ville (art. L 26-3).

Si le syndicat se voit ainsi reconnaître la faculté d'aliéner des parties communes, ce n'est qu'à la condition que celles-ci ne soient pas nécessaires à la destination de l'immeuble collectif. Dans le cas contraire, il sera nécessaire d'obtenir une décision à l'unanimité.

Par dérogation à cette dernière règle, l'assemblée pourra toutefois décider, à la majorité de l'article 26, des travaux d'installation d'un dispositif de fermeture permettant d'organiser l'accès de l'immeuble et déterminer les périodes de fermeture de l'immeuble commun au moyen de ce dispositif. La détermination des périodes de fermeture totale de l'immeuble échappe ainsi à la règle de l'unanimité, à la condition que les périodes retenues soient en adéquation avec l'exercice d'une activité autorisée par le règlement de copropriété ou, à défaut, que le système d'ouverture permette une ouverture à distance. Rentre dans cette catégorie les interphones mais non les digicodes *(▪ Paris, 16 déc. 1999, loyers et copr. 2000 n° 97 ; voir également ▪ Paris 3 juill. 1996, RDI 1996 416 obs. C. Giverdon)*.

2. L'établissement ou la modification du règlement de copropriété

Les ajouts ou modifications du règlement de copropriété intéressant l'usage, la gestion ou la jouissance des parties communes, ne peuvent être adoptés à la double majorité que dans la mesure où ils n'apportent aucune modification aux droits des copropriétaires relatifs à la destination et à la jouissance de leurs lots. Seule une décision prise à l'unanimité peut emporter de telles conséquences.

Pourront ainsi être adoptées à la majorité de l'article L 26 les décisions relatives à l'apposition d'enseignes ou de plaques professionnelles (▪ *Civ. 3, 16 mars 1988, JCP 1988 IV 191*), celles autorisant l'installation d'une cuve à essence modifiant la jouissance et l'usage du sol commun (▪ *Civ. 3, 16 janvier 1979 D 1979 IR 443)* ou encore celles autorisant l'aménagement d'un emplacement de stationnement sur une partie commune (▪ *Civ. 3, 19 déc. 1978, Rev. Administrer 1979, 27 obs. Guillot)*. Mais une assemblée ne saurait, sous le couvert d'une décision de modification du règlement de copropriété votée à la double majorité de l'article 26, modifier la répartition initiale des charges communes. Seule une décision unanime des copropriétaires peut permettre une telle modification (▪ *Civ. 3, 18 févr. 2004, JCP const. urb. 2004 comm. 75)*.

On indiquera également ici que l'assemblée générale peut décider à la majorité de l'article 26, de ne pas instituer de conseil syndical, sauf dans les syndicats coopératifs. Afin de faciliter le retour au principe qui reste celui selon lequel chaque copropriété est dotée d'un conseil syndical, il est prévu que l'assemblée pourra revenir sur cette décision à la majorité des voix de tous les copropriétaires (cf. L art. 21 al 9).

3. Les travaux comportant transformation, addition ou amélioration

Hors celles visées à l'article 25 de la loi du 10 juillet 1965, peuvent être adoptées à la double majorité les décisions ayant trait à des travaux d'amélioration, telle que la transformation d'un ou de plusieurs éléments d'équipement existants, l'adjonction d'éléments nouveaux, l'aménagement de locaux affectés à l'usage commun ou la création de tels locaux, sous réserve d'être conforme à la destination de l'immeuble (cf. art. L 30).

La loi ne donne pas de liste exhaustive des travaux concernés. Il peut s'agir de la transformation d'un élément d'équipement existant tel que l'aménagement des parkings communs, de l'ajout d'éléments d'équipement nouveaux tel un ascenseur (▪ *Civ. 3 25 nov. 1980 Rev.*

Loyers 1981, 212), de l'aménagement de locaux affectés à usage commun telle la réfection de la loge du concierge, de la création de locaux à usage commun telle que la création d'un local poubelle ou celle de parkings (v. Quignard, JCP N 1993 Prat. 2477 – tableau synoptique des travaux-), de la pose de compteurs individuels d'eau froide (Circ. interministérielle n° 2004-3 UHC/QC 4/3 du 12 janvier 2004 en ce sens suite au décret n° 2003-408 du 28 avril 2003 relatif à l'individualisation des compteurs de fourniture d'eau), du remplacement d'un chauffage collectif à air pulsé, devenu obsolète, par un système de chauffage individuel *(▪ CA Paris 26 oct. 2000, Loyers et copr. 2001 n° 126* – la solution aurait été différente si le système de chauffage en cause dans cette affaire n'avait pas été obsolète ; la décision de remplacement des composants de l'installation existante permettant de maintenir le mode de chauffage collectif aurait pu être votée à la majorité de l'article 24 au titre des travaux de maintenance de l'immeuble aux fins d'en assurer la conservation ▪ *CA Paris 31 oct. 1980 D 1981 IR p. 402.).*

L'amélioration au sens de l'article 26 de la loi du 10 juillet 1965 s'entend d'une amélioration de l'immeuble dans ses parties communes susceptibles de profiter à tout ou partie des copropriétaires (▪ *TGI Paris 10 fév. 1970, D. 1970 572 note F. Givord).*

Les travaux qui, sans être immédiatement nécessaires, constituent des précautions normales, peuvent être décidés à la majorité simple de l'article 24. Ainsi la décision de transformer les portes d'un garage en portes automatiques, avec pose d'un système de sécurité, peut être adoptée à la majorité simple (▪ *TGI Versailles, 18 juin 1980, D. 1981 IR 402 obs. C. Giverdon*). De la même façon, le remplacement d'éléments d'équipement vétustes et dangereux par d'autres neufs ne constitue pas une transformation des équipements existants, ni une amélioration, ni une addition, et la majorité simple suffit pour en décider *(▪ CA Nancy, 29 janv. 1980, JCP 1981 II 19700 note Guillot).*

Lorsque l'assemblée aura décidé de la réalisation de travaux à la majorité de l'article 26, il conviendra d'en envisager les conséquences au regard de la répartition des dépenses ainsi engendrées (art. L 30). A défaut, la résolution ayant décidé les travaux ne saurait être considérée comme valable (pour une application voir ▪ *TGI Paris 11 mai 1973 Gaz. Pal. 1973, 2, 734 note Morand).*

B. La possibilité de renvoyer à une deuxième assemblée pour les travaux d'amélioration

Les travaux d'amélioration de l'immeuble ayant pour résultat de le valoriser, le législateur a entendu en favoriser la réalisation. Pour ce faire il a prévu la possibilité de recourir à une nouvelle assemblée générale dans l'hypothèse où la première assemblée n'a pu réunir une majorité suffisante pour adopter le projet de résolution. Le recours à cette nouvelle assemblée est toutefois conditionné par l'existence d'un vote favorable, en première assemblée, représentant au moins les deux tiers des voix des copropriétaires présents ou représentés. A défaut, il y a décision de refus sans renvoi possible. Dans le cas contraire, le procès verbal d'assemblée devra constater que les conditions d'un second vote sont réunies et le syndic devra convoquer une seconde assemblée pour statuer à nouveau sur la résolution concernée. Les notifications prévues à l'article 11 du décret du 17 mars 1967 n'ont pas à être renouvelées si l'ordre du jour de la nouvelle assemblée ne porte que sur les questions déjà inscrites à l'ordre du jour de la précédente. La convocation à cette assemblée doit préciser que les décisions portant sur les travaux d'amélioration pourront être prises à la majorité des membres du syndicat représentant au moins les deux tiers des voix des copropriétaires présents ou représentés (cf. art. D 19-1).

Aucun délai n'est prévu par la loi pour convoquer cette nouvelle assemblée, mais il est prudent de ne pas trop attendre si l'on veut pouvoir conserver les voix exprimées en faveur de la résolution à l'occasion de la première assemblée.

§ 4. Les décisions prises à l'unanimité

L'unanimité ici entendue correspond à la volonté exprimée par l'ensemble des copropriétaires et pas uniquement par ceux présents ou représentés à l'assemblée générale (▪ *Civ. 3, 26 fév. 1975 JCP 1975 II 18021 note Guillot).*

Les deux derniers alinéas de l'article 26 de la loi du 10 juillet 1965 ne mentionnent que deux types de décisions dont l'approbation suppose l'unanimité de tous les copropriétaires. Mais d'autres décisions, non visées par ce texte, supposent réunie une même majorité. Ces décisions sont celles qui touchent aux droits des copropriétaires et celles qui concernent les parties communes.

A. Les décisions intéressant les droits des copropriétaires

L'article 26 de la loi de 1965 précise, dans son alinéa second, que « l'assemblée ne peut, quelque majorité que ce soit, imposer à un copropriétaire une modification à la destination de ses parties privatives ou aux modalités de leur jouissance, telles qu'elles résultent du règlement de copropriété ».

Seules les décisions contraires à la destination de l'immeuble ou aux modalités de jouissance des parties privatives résultant du règlement de copropriété sont visées par ce texte. Aussi, un vote à l'unanimité n'est pas nécessaire pour qu'un copropriétaire puisse modifier la destination de son lot. Est seule prohibée la décision d'assemblée qui imposerait une modification de la destination des parties privatives des copropriétaires (▪ *Civ. 3, 27 nov. 1991, Bull. civ. III n° 291* ▪ *Civ. 3 6 janv. 1999, AJDI 1999, 243 ; Civ. 3, 16 sept. 2003, AJDI 2003, 773* : la résolution interdisant l'activité de restaurant pour un local situé au rez-de-chaussée alors que le règlement de copropriété stipule qu'il s'agit d'un lot à usage commercial sans restriction, ne peut être adoptée à quelque majorité que ce soit). De la même façon, sont seuls concernées par l'interdiction de modification à quelque majorité que ce soit les modalités de jouissance des parties privatives résultant du règlement de copropriété (▪ *Paris 25 mars 1994, D. 1994 somm. 200 obs. C. Giverdon*).

La destination des parties privatives ne se confond par avec celle de l'immeuble. En effet, la destination de l'immeuble intéresse l'ensemble des copropriétaires (par exemple : immeuble à usage mixte) tandis que celles des parties privatives ne concernent que le titulaire du lot dont il s'agit (et peuvent être à usage exclusivement d'habitation ou exclusivement professionnel). Mais il existe un lien d'étroite dépendance entre ces deux notions. En effet, la destination de l'immeuble va permettre la détermination des parties privatives et l'article 8 de la loi, après avoir écarté toute possibilité pour le règlement de copropriété d'imposer des restrictions aux droits des copropriétaires, réserve le cas de celles qui seraient justifiées par la destination de l'immeuble, telle que définie par les actes de copropriété. Inversement, la destination des parties privatives n'est pas sans incidence sur celle de l'immeuble (▪ *Paris 22 févr. 1995, D 1998 somm. 263 obs C. Giverdon).* Il ressort des travaux préparatoires de la loi du 10 juillet 1965 que la destination de l'immeuble est « l'ensemble des conditions en vue desquelles un copropriétaire a acheté son lot, compte tenu de divers éléments, notamment de l'ensemble des clauses des documents contractuels, des caractéristiques physiques et de la situation de l'immeuble, ainsi que de la situation sociale des occupants ».

Ainsi, il a été jugé que la suppression du service du gardien supposait l'accord unanime des copropriétaires, les moyens techniques mis en place tels l'installation d'interphones et des boîtes aux lettres ne procurant pas les services équivalents à ceux rendus effectivement par un gardien jusqu'alors logé à demeure (▪ *Cass. 3e civ., 28 juin 1995, RDI 1995, 780 obs. Capoulade* ▪ *Cass. 3e civ. 21 mars 2000, Loyers et copr. 2000, n° 125)*.

Il a, en sens contraire, été jugé que la suppression de services collectifs communs (dans le cadres de « résidences services » pour personnes dites du troisième âge) placés sous l'administration du syndic, pouvait être décidée à la majorité de l'article 26b et non à l'unanimité dans la mesure où ils ont été remplacés par des services de substitution (moins lourds en terme de charges notamment pour les héritiers des anciens copropriétaires qui n'avaient que faire des services proposés ▪ *CA Versailles 5 avr. 2000, JCP éd. N 2001, p. 11 note Y. Stemmer)*.

La limitation des activités susceptibles d'être exercées dans les parties privatives peut également être décidée à l'unanimité, dès lors qu'elle ne contredit pas la destination des parties privatives (▪ *Cass. 3e civ., 31 mars 2004, Loyers et copr. 2004, n° 152)*.

B. Les décisions intéressant les parties communes

L'unanimité est également requise par l'article 26 de la loi de 1965 pour « décider l'aliénation des parties communes dont la conservation est nécessaire au respect de la destination de l'immeuble ».

Ainsi, l'aliénation d'une buanderie et d'une terrasse, nécessaires au respect de la destination de l'immeuble, nécessite vote unanime (▪ *CA Limoges, 15 mai 1997 Rev. Huiss. 1998 693*). La cession d'une loge de concierge devra de la même façon être décidée à l'unanimité lorsqu'elle est contraire à la destination de l'immeuble (tel ne sera pas le cas si les copropriétaires ont pris la décision de supprimer le poste de concierge ▪ *Paris 3 avr. 1992, Loyers et copr. 1992 n° 314, conf. par* ▪ *Civ. 3° 30 mars 1994, Loyers et copr. 1994 n° 255)*.

Toute modification à la destination de l'immeuble nécessite, en principe, l'adoption de la résolution concernée à l'unanimité. Il en est ainsi des travaux d'amélioration de l'immeuble non conforme à la destination de l'immeuble (sur la question de l'implantation d'antennes relais requérant une décision à l'unamité, voir ▪ *TGI Paris, 8e ch., 1er avr. 2004, cité in Aussant J.* ; A propos de téléphonie mobile et de destination de l'immeuble, Rev. loyers 2004, p. 357 et s.). Par exception à cette règle, l'article 26-1 du 10 juillet 1965 réserve le cas où l'assemblée générale aura décidé l'installation de dispositifs de fermeture permettant d'organiser l'accès de l'immeuble. Cette installation pourra être votée à la double majorité qualifiée de l'article 26 de la loi du 10 juillet 1965 tout comme les périodes de fermeture totale de l'immeuble compatibles avec l'exercice d'une activité autorisée par le règlement de copropriété. Mais la fermeture de l'immeuble en dehors de ces périodes ne peut être décidée qu'à l'unanimité dès lors que le dispositif de fermeture ne permet pas d'ouverture à distance.

Autre dérogation au principe de l'adoption à l'unanimité d'une résolution intéressant la destination de l'immeuble, le nouvel article 26-3 de la loi du 10 juillet 1965 (inséré par la loi n° 2000-1208 du 13 décembre 2000) permet à l'assemblée générale de décider, à la double majorité qualifiée prévue au premier alinéa de l'article 26, des « aliénations de parties communes et les travaux à effectuer sur celles-ci pour l'application de l'article 25 de la loi n° 96-987 du 14 novembre 1996 relative à la mise en œuvre du pacte de relance pour la ville ». Ce texte, relatif à l'aménagement et à la restructuration des espaces commerciaux et artisanaux par le biais de l'EPARECA (établissement public d'aménagement et de restructuration des espaces commerciaux et artisanaux), vise à faciliter l'action de cet établissement.

Outre les décisions visées par l'article 26 de la loi du 10 juillet 1965, relèvent également d'un vote unanime les décisions emportant modification de la répartition des charges et celles relatives à la surélévation ou à la construction de bâtiments aux fins de créer de nouveaux locaux à usage privatif.

1. Les décisions emportant modification de la répartition des charges

L'article 11 de la loi du 10 juillet 1965 réserve au vote unanime des copropriétaires la modification de la répartition des charges (sous réserve d'une modification liée à une action judiciaire dans le cas d'une lésion cf. art. 12 de la Loi). L'exigence d'une telle majorité s'explique par le fait que la répartition des charges est en principe intangible, principe d'ordre public qui connaît certaines exceptions. Ces dernières correspondent aux hypothèses où l'assemblée générale a adopté une décision impliquant une modification de la répartition des charges.

La création d'un syndicat secondaire, la scission d'une copropriété, la décision du syndicat de réaliser des travaux, des actes d'acquisition ou disposition, l'aliénation séparée d'une ou de plusieurs fractions d'un lot ainsi que le changement d'usage des parties privatives peuvent ainsi influencer la répartition des charges.

a) La création d'un syndicat secondaire

La constitution d'un syndicat secondaire permet, dans les grandes copropriétés composées de plusieurs bâtiments indépendants (c'est à dire matériellement et techniquement séparés ; tel ne sera pas le cas de deux bâtiments desservis par une cage d'escalier unique ou ayant le gros œuvre commun. Voir ▪ *CA Lyon 22 janv. 1981, D. 1981 IR 396 obs. Giverdon ;* ▪ *Civ. 3, 27 janv. Gaz. Pal. 1973, 1, 334, note Morand*), une meilleure gestion des intérêts propres à chaque bâtiment. Une telle constitution ne fait pas perdre tout pouvoir au syndicat principal qui reste gardien de la gestion des intérêts communs de l'ensemble de la copropriété.

L'institution de ce syndicat, également doté de la personnalité civile, suppose un vote des copropriétaires du ou des bâtiments concernés, réunis en assemblée générale spéciale. Cette assemblée ainsi composée vote à la majorité absolue de l'article 25 de la Loi. La décision adoptée s'imposera aux copropriétaires des bâtiments non concernés.

La mise en place d'un syndicat secondaire peut être une étape vers la scission d'une copropriété.

b) La scission d'une copropriété

La scission d'une copropriété ne peut intervenir que dans la mesure où la copropriété est composée de plusieurs bâtiments et que la division de la propriété du sol soit possible.

Lorsque ces conditions sont réunies, les copropriétaires du bâtiment qu'ils souhaitent retirer de la copropriété, doivent se réunir en assemblée générale afin d'approuver une résolution demandant la scission à la majorité des voix de tous les copropriétaires. La résolution adoptée par cette assemblée spéciale devra alors donner lieu à une demande à l'assemblée générale du syndicat initial qui devra se prononcer selon la même majorité. Si la propriété du bâtiment que l'on cherche à retirer est celle d'une seule personne, la demande de retrait sera directement formulée par elle à l'assemblée générale de tous les copropriétaires.

Lorsque la scission aura été admise, le syndicat initial doit encore, et entre autres choses, se prononcer sur la modification du règlement de copropriété et de l'état descriptif de division. La majorité alors requise est celle de l'article 24 de la loi dans la mesure où la destination de l'immeuble n'est pas en cause. A défaut, une seule décision unanime peut permettre ces modifications.

c) La décision du syndicat de réaliser des travaux, des actes d'acquisition ou disposition

Lorsque l'assemblée aura décidé, à la majorité requise par ailleurs, de réaliser des travaux, des actes d'acquisition ou des actes de disposition, et que cette décision a une incidence sur la répartition des charges, la modification de cette répartition peut être décidée à la même majorité (soit celle requise pour l'adoption de la décision ayant nécessité cette modification).

Si l'assemblée générale qui a admis le principe de réalisation de travaux, d'actes d'acquisition ou de disposition n'a pas adopté de décision relativement à la répartition des charges, la validité de la résolution n'en est pas remise en cause, mais tout copropriétaire peut saisir le tribunal de grande instance afin qu'il procède à la modification de cette répartition (▪ CA *Paris, 12 oct. 1994, D. 1995 IR 37.* Il a été jugé que si la nouvelle répartition des charges n'a pas été soumise à l'assemblée, la saisine du tribunal ne peut intervenir. Ce n'est qu'à « défaut de décision de l'assemblée » à l'égard de la répartition des charges que la saisine du tribunal est envisagée. Or, un tel défaut suppose qu'une décision n'ait pu être prise (en ce sens ▪ *Civ. 3, 6 oct. 1999, Bull. III n° 197*). Jusqu'à ce qu'une nouvelle répartition des charges soit adoptée, soit pas l'assemblée, soit, à défaut, par décision de justice, le syndic n'est pas plus fondé à appliquer la répartition antérieure *(▪ Civ. 3, 6 oct. 1999, op.cit.)* que le syndicat à recouvrer les charges relatives à un lot issu d'une division, faute de décision ayant approuvé la modification de la répartition des charges consécutive à cette opération (▪ *CA Paris 14 mars 2002 Administrer janv. 2003, 51 obs. Alfandari).*

La décision de cession d'une ancienne loge de concierge, qui conduit à la création d'un nouveau lot et donc de nouveaux tantièmes de copropriété, implique une telle modification (▪ *CA Paris, 3 avr. 1992, RDI 1992 369, obs. C. Giverdon).* Mais la décision relative à l'installation d'un compteur de calories ne l'impose nullement (▪ *Civ. 3, 12 février 2003. Loyers et copr. 2003, n° 141 note Vigneron).*

d) L'aliénation séparée d'une ou de plusieurs fractions d'un lot

La division d'un lot suivie de l'aliénation de tout ou partie des fractions résultant de cette division (on rappellera ici que la décision de division d'un lot relève de la liberté des copropriétaires concernés sauf si elle est contraire à la destination de l'immeuble. En ce sens ▪ *Civ. 3, 5 juill. 1989, Bull. III n° 154)* suppose, en l'absence de prévision du règlement de copropriété relativement à la répartition des charges, une délibération de l'assemblée à la majorité de l'article 24 de la Loi afin d'opérer une telle répartition. Mais la modification de la répartition des charges à la majorité de l'article 24 de la Loi ne peut concerner que les lots issus de la division. Il n'est pas possible d'opérer, selon cette majorité, une nouvelle répartition des charges entre tous les lots composant le syndicat (▪ *Civ. 3, 22 mars 1995 589 obs. P. Capoulade et C. Giverdon).*

A défaut d'une décision de l'assemblée adoptant une nouvelle répartition des charges, tout copropriétaire peut demander une répartition judiciaire (cf. *infra*).

e) Le changement d'usage des parties privatives

Le changement d'usage d'une ou de plusieurs parties privatives peut rendre nécessaire la modification de la répartition des charges. Celle-ci doit alors s'opérer à la majorité des voix de tous les copropriétaires (cf. art. 25 f de la Loi). Elle ne concerne que les charges entraînées par les services collectifs et les éléments d'équipement commun (telles que les charges de chauffage, d'ascenseur, de porte automatique de garage ou d'antenne collective) qui, aux termes de l'article 10 alinéa 1 de la Loi, sont réparties en vertu de leur utilité (objective) à l'égard de chaque lot. Elle ne doit pas être étendue aux charges relatives à la conservation, à l'entretien et à l'administration des parties communes qui sont supportées par chaque copropriétaire proportionnellement aux valeurs relatives des parties privatives comprises dans leurs lots (▪ *CA Aix en Provence, 9 mars 2000 D. 2000 somm. 218 obs. C. Atias)*

La modification de la répartition doit avoir été rendue « nécessaire » par le changement d'usage pour que les règles de majorité de l'article 25 s'appliquent. Ce changement ne doit pas être confondu avec le changement d'utilisation des parties privatives qui est sans influence sur la répartition des charges. Ainsi, un lot qui était utilisé pour les besoins d'une activité de médecin généraliste et qui vient à l'être pour ceux d'un architecte, ne subit pas un changement d'usage au sens de l'article 25 f de la Loi. En revanche, le copropriétaire qui profite d'une tolérance pour l'exercice d'une profession libérale alors que tous les lots de la copropriété sont à usage exclusif d'habitation et d'occupation bourgeoise, ne peut contester l'adoption de la modification de la répartition des charges à la majorité absolue de l'article 25 de la Loi (et non à l'unanimité ▪ *Civ. 3, 20 juin 2001, Rev. administrer 2001, 37 note P. Capoulade).*

2. Les décisions relatives à la surélévation ou à la construction de bâtiments réalisés par les soins du syndicat

L'article 35 de la loi du 10 juillet 1965 permet au syndicat de créer de nouveaux locaux privatifs par surélévation du bâtiment existant ou édification d'un nouvel immeuble ainsi que d'aliéner ce droit de surélever un bâtiment existant. Parmi ces deux types de décisions, seule celle qui emporte création de nouveaux locaux à usage privatif par surélévation ou construction, suppose l'accord unanime des copropriétaires. L'aliénation du droit de surélever doit simplement réunir une majorité des membres du syndicat représentant au moins les 2/3 des voix dès lors que le règlement de copropriété n'impose pas une majorité plus contraignante et que la conservation de ce droit accessoire ne soit pas nécessaire au respect de la destination de l'immeuble. Lorsque l'une ou l'autre de ces opérations entraîne la modification de la répartition des charges, elle devra être décidée à la majorité de l'article 26 de la loi de 1965.

3

L'exécution des décisions d'assemblée

Les délibérations, par l'assemblée générale, consignées dans un procès-verbal établi à l'issue de celle-ci (cf. *supra*) et qui indique le résultat de chaque vote concernant chaque résolution en précisant le nombre de voix « pour », de voix « contre », et des abstentionnistes ainsi que des propriétaires n'ayant pas pris part au vote (cf. art.24 al. 2 de la loi de 1965) et le nom des copropriétaires opposants ou abstentionnistes qui auraient formulé des réserves, doivent donner lieu à notification au profit de certains copropriétaires avant de pouvoir donner lieu à exécution..

Section 1. La notification des décisions d'assemblée

Les décisions d'assemblée générale doivent être notifiées à certains copropriétaires selon des modalités précisées par la loi.

§ 1. Les modalités de notification

La notification du procès-verbal d'assemblée est soumise à des règles de délai, de lieu et de forme.

A. Le délai de la notification

La notification doit intervenir dans un délai de deux mois à compter de la tenue de l'assemblée générale. Mais l'obligation de notifier le procès-verbal d'assemblée dans ce délai n'est soumise à aucune sanction (▪ *CA Paris 15 nov. 2001, Loyers et copr. 2002, n° 99 obs. Vigneron*). La tardiveté de la notification ne fait que repousser le point de départ du délai préfix de deux mois pour contester une décision de l'assemblée générale (▪ *Cass. 3e civ., 11 mars 2003, Rev. loyers 2003, p. 460, Rev. Admi-*

nistrer 2003, no 357, p. 42). Aussi son défaut n'entraînera aucunement la nullité des délibérations intervenues (▪ *Cass. 3ème civ., 7 févr. 1990, Loyers et copr. 1990, n° 191)* ni de sanction particulière à l'encontre du syndic (▪ *CA Paris, 23e ch. B, 15 nov. 2001, Loyers et copr. 2002, no 99*).

B. Le lieu de la notification

Afin de permettre au syndic de notifier le procès-verbal d'assemblée aux copropriétaires, le décret du 17 mars 1967 (nouvel art. 65) impose à chaque copropriétaire ou titulaire d'un droit réel démembré sur un lot ou une fraction de lot, de lui notifier son domicile réel ou élu soit en France métropolitaine si l'immeuble y est situé, soit dans le département ou le territoire d'outre-mer de la situation de l'immeuble.

La notification effectuée au dernier domicile notifié au syndic est réputée valable. Si ce dernier n'a pas été informé d'un changement, la lettre recommandée adressée à l'ancien domicile, sera réputée avoir atteint son destinataire (▪ *CA Paris, 1er févr. 1995, Loyers et copr. 1995, n° 339*). Elle sera de plus adressée au représentant légal de la société d'attribution si un ou plusieurs associés s'y sont opposés ou ont été défaillants (D. n° 67-223, 17 mars 1967, art. 18, al. 1er).

C. La forme de la notification

La notification doit obligatoirement être effectuée par lettre recommandée avec demande d'avis de réception (art. 64 décret 1967). La jurisprudence admet toutefois, malgré le caractère d'ordre public de l'article 64 du décret du 17 mars 1967, le recours à un acte extra-judiciaire (▪ *Cass. 3e civ., 14 févr. 1996, Loyers et copr. 1996, n° 23 ; voir cependant* ▪ *Cass. 3e civ., 26 mai 2004, Rev. Administrer 2004, n° 369, p. 33*). Sera donc inopérante la notification adressée par lettre simple (▪ *CA Paris 4 juill. 1997, Loyers et copr. 1997 n° 319)*, par lettre recommandée sans avis de réception, par Chronopost (▪ *TGI Evry, 3 nov. 1997, Administrer, avr. 1998, 44 obs. Bouyeure)*, par dépôt dans la boîte au lettre du copropriétaire concerné ou par voie d'affichage dans le hall de l'immeuble. Certaines juridictions du fond ont admis la validité de la remise de la copie du procès-verbal d'assemblée contre émargement, valant notification (▪ *TGI Toulouse, 29 sept. 1986, rev. Loyers 1987, 61* ▪ *TGI Paris 10 mars 1977, D. 1978 IR 124)*, mais ces solutions contredisent la lettre du texte et sont considérées comme irrégulières par l'administration (Rép. min. n° 39133, JO AN Q, 5 août 1996 p. 4285).

Elle doit, à peine de nullité, mentionner les résultats du vote ainsi que la reproduction intégrale du texte de l'article 42, alinéa 2 de la loi du 10 juillet 1965 qui prévoit que *« les actions qui ont pour objet de contester les décisions des assemblées générales doivent, à peine de déchéance, être introduites par les copropriétaires opposants ou défaillants, dans un délai de deux mois à compter de la notification desdites décisions qui leur est faite à la diligence du syndic dans un délai de deux mois à compter de la tenue de l'assemblée générale…* » (▪ *CA Paris, 8e ch. B, 28 mai 1993, Rev. Administrer 1994, n° 253, p. 65*). Cependant, lorsque la reproduction de l'article 42, alinéa 2, de la loi de 1965 est tronquée, le délai de deux mois ne peut commencer à courir (▪ *CA Paris, 23e ch. A, 14 févr. 1994, Rev. Administrer 1994, n° 257, p 57, contra* ▪ *Aix en Provence, 26 oct. 1995, Bull. Aix 1995, n° 2 p. 302).* La reproduction partielle de l'article 42 de la loi du 10 juillet 1965 dans le procès-verbal n'entraîne pas la nullité de la notification (▪ *CA Paris, 23e ch. B, 26 sept. 2002, AJDI 2002, p. 777).* L'indication du délai de contestation de deux mois peut valablement figurer en annexe de la notification du procès-verbal (▪ *Cass. 3e civ., 4 juin 2003, AJDI 2003, p. 676 ; Bull. III n° 122).*

Pour satisfaire à cette obligation, les syndics adressent le plus souvent une copie du procès-verbal aux copropriétaires intéressés. Mais ils pourraient se contenter d'une notification des seules décisions auxquelles les copropriétaires se sont opposés ou celles qui ont été adoptées en leur absence (V. Kischinewsky-Broquisse, La copropriété des immeubles bâtis, Litec, 1989, no 437, p. 482).

Le délai que la notification fait courir a pour point de départ le lendemain du jour de la première présentation de la lettre recommandée au domicile du destinataire. Cette précision apportée par le décret n° 2000-293 du 4 avril 2000 (art. 64 Décret du 17 mars 1967, modifié) permet ainsi de faire courir le délai de recours alors même que le copropriétaire aura été absent lors du passage du préposé de la Poste ou qu'il ne viendrait pas retirer son courrier (v. rép. min. n° 30852 JO AN Q. 2 août 199 p. 4764). La remise d'un courrier dans une boîte postale ne saurait être assimilée à une première présentation d'une lettre recommandée au sens du décret (▪ *CA Paris 19 mars 1993, Administrer avr. 1994, 53 note Lafond).* Le retour de la lettre recommandée qui n'a pas été remise au destinataire doit amener le syndic à procéder par voie de signification (▪ *CA Versailles 12 juill. 1982, RDI 1983, 104 obs. crit. C. Giverdon et F. Givord).*

§ 2. Destinataires de la notification

La notification doit, en vertu de l'article 18 du décret du 17 mars 1967, être réalisée au profit de tous les copropriétaires qui ne figurent pas sur la liste de présence (soit absents et non représentés lors de l'assemblée dits défaillants) ainsi qu'à tous ceux qui se sont opposés à l'adoption du projet en votant contre celui-ci (dits opposants). La jurisprudence reconnaissant aux copropriétaires s'étant abstenus de participer au vote d'une résolution la faculté de contester la décision prise par l'assemblée générale, il convient de leur adresser également notification. La loi n'impose pas l'information des autres copropriétaires (ceux ayant voté pour toutes les résolutions présentées ou s'étant abstenus sans émettre de réserve), mais il est souhaitable qu'ils soient tout de même destinataires du procès-verbal d'assemblée, sans pour autant que soient respectées les règles de forme prévues par la loi pour la notification imposée par ailleurs.

La notification peut valablement être faite à une personne autre, dès lors que celle-ci a été habilitée à cet effet (▪ *Civ. 3, 2 déc. 1992, RDI 1993, 131* ; pour une notification faite à un agent immobilier gérant le lot du copropriétaire et ayant assisté à l'assemblée générale ▪ *Civ. 3°, 10 mars 1995, D. 1998, 273 obs. Giverdon).*

On rappellera que si les associés de société d'attribution participant aux assemblées générales (avec un nombre de voix égal à la quote-part dans les parties communes correspondant au lot dont elle a la jouissance - art. 23 de la loi de 1965), seuls les dirigeants de la société copropriétaire peuvent contester les décisions prises en assemblées. C'est donc aux dirigeants de la société en cause qu'il convient d'adresser les décisions d'assemblée (▪ *Civ. 3, 4 nov. 1977, D. 1978 470, note Souleau ; 22 janv. 1992, Bull. civ. III n° 26).*

Lorsqu'un lot est indivis ou fait l'objet d'un démembrement de propriété, les indivisaires comme les propriétaires démembrés, doivent être représentés à l'assemblée par un mandataire commun, à défaut de dispositions contraire du règlement de copropriété (article L. 23), la seule notification au mandataire commun devrait suffire (▪ *CA Paris, 19e ch. B, 20 déc. 1995, Loyers et copr. 1996, n° 229).* S'inspirant de ces règles, la jurisprudence considère que la notification ne sera due par le syndic qu'à un seul des époux copropriétaires (refus de l'obligation de notifier le procès-verbal à un mari dont l'épouse était présente à l'assemblée générale en qualité de copropriétaire du lot commun ▪ *CA Paris, 7 mars 1996, JCP N 1997, II, p. 1295, note P. Simler).*

La notification doit être réalisée par le syndic qui devra prouver qu'elle a eu lieu dans les formes légales (▪ *TGI Paris 13 juin 1975, D. 1976 IR 72.* Une telle preuve ne résulte pas de la production de l'avis de réception de la lettre recommandée portant convocation à une nouvelle assemblée dès lors que rien n'établit que le procès-verbal de la précédente était joint à cet envoi ▪ *TGI Paris 4 sept. 1996, Administrer déc. 1996, 39 obs. Bouyeure).*

Section 2. L'exécution des décisions adoptées

La question de savoir si l'exécution des décisions adoptées par l'assemblée générale peut se faire immédiatement ou non est source de contentieux et d'hésitations. Quels que soient les délais d'exécution envisagés il convient également de préciser qui sera chargé d'assurer cette exécution.

§ 1. Les délais d'exécution

Les décisions de l'assemblée générale sont en principe immédiatement exécutoires, sauf pour les travaux non urgents votés en application des articles 25 et 26 de la loi du 10 juillet 1965.

1. Principe de l'exécution immédiate des décisions adoptées :

Le texte de l'article 42 alinéa 2 de la loi du 10 juillet 1965 est clair et ne paraît appeler de réserve : le principe est celui de l'exécution immédiate des décisions d'assemblée. Mais en pratique, il est prudent de ne pas mettre en œuvre certaines décisions d'assemblée tant que ne sont pas expirés les délais d'action qui peuvent aboutir à leur remise en cause. Cette prudence n'est imposée par le législateur que pour les travaux décidés en application des articles 25 et 26 de la loi de 1965. La jurisprudence écarte expressément l'application de ces dispositions à d'autres décisions d'assemblées, notamment à celles qui auraient décidé des travaux en application de l'article 26-1 ou 26-2 (▪ *CA Paris 26 sept. 1995, D. 1997, somm. 13 obs. Ch. Atias* ▪ *CA Toulouse 16 juin 2003, Loyers et copro. 2003, n° 224 obs. Vigneron*). Les décisions n'ayant pas de caractère irrémédiable seront sans difficulté soumises à la règle de principe. Il en ira ainsi d'un appel de fonds réclamé aux copropriétaires en conséquence des décisions d'assemblée (en ce sens notamment ▪ *Civ. 3, 29 avril 1987, Bull. III n° 94).*

2. Exception au principe de l'exécution immédiate des décisions adoptées

Sauf en cas d'urgence, l'exécution des travaux décidés par l'assemblée générale en application des articles 25 et 26 est suspendue jusqu'à l'expiration du délai de deux mois suivant notification des décisions d'assemblée (art. 42 loi 1965).

a) Travaux décidés en application des articles 25 et 26

Seuls les travaux visés par les articles 25 et 26 de la loi de 1965 sont concernés par l'effet suspensif du délai d'action en contestation des décisions d'assemblée. Cet effet suspensif est limité au délai de contestation de deux mois. L'exercice d'un recours est donc sans influence sur la durée de la suspension imposée par la loi (▪ *Civ. 3, 28 janv. 2003, Loyers et copr. 203 n° 18 obs. Vigneron).*

Les travaux relevant de la majorité absolue (art. 25 de la loi de 1965), correspondant tout d'abord à ceux devant être accomplis par certains copropriétaires, à leurs frais, affectant les parties communes ou l'aspect extérieur de la copropriété (dans la limite du respect de la destination de l'immeuble) tels que la restructuration d'ensemble d'une installation intérieure de chauffage central nécessitant une adaptation sur les colonnes montantes et un équilibrage complet par rapport à celles-ci (▪ *CA Paris, 12 mai 1995, Loyers et copro. 1995 n° 449*), le tubage d'une gaine de cheminée existante (▪ *Civ. 3, 21 mars 2000, AJDI 2000, 712, obs. Guitard)*, le remplacement de fenêtres de façade simples par des châssis permettant un double vitrage (▪ *Civ. 3, 18 mai 1983, D. 1983 IR 430).*

La remise en cause d'une telle décision peut avoir de graves conséquences pour le copropriétaire qui aura exécuté les travaux autorisés par décision d'assemblée puisqu'il sera tenu de remettre les choses en l'état (▪ *Civ. 3, 15 janv. 2003, Administrer mai 2003, 50 obs. Bouyeure*) et, en cas de préjudice subi par le syndicat ou par certains copropriétaires, des dommages intérêts pourront lui être réclamés (▪ *CA Paris, 5 nov. 1993, Administrer avr. 1994, 68).*

La jurisprudence admet toutefois que la démolition d'une construction n'est pas la conséquence nécessaire de l'annulation de la décision de l'assemblée générale qui l'a autorisée (▪ Civ. 3, 20 mars 1979, Administrer nov. 1979, 28 obs. Guillot ; voir également ▪ Civ. 3, 6 oct. 1999 RDI 2000, 92 obs. Giverdon).

Les travaux pouvant être autorisés dans le cadre de l'article 25 correspondent ensuite à ceux imposés par les textes et dont les conditions de réalisation ont dû être fixées en assemblée, les travaux d'économie d' énergie amortissables en moins de dix ans, les travaux de mise aux normes de salubrité, de sécurité et d'équipement, les travaux de suppression des vide-ordures pour des impératifs d'hygiène, les travaux d'installation ou de modification d'une antenne collective ou de raccordement à un réseau câblé, les travaux d'installation ou de modification d'un réseau de distribution d'électricité public permettant d'alimenter les emplacements de stationnement des véhicules et les travaux d'installation de compteurs divisionnaires d'eau froide.

Les travaux décidés à la majorité qualifiée de l'article 26 de la loi du 10 juillet 1965 sont ceux qui emportent transformation, addition ou amélioration, à l'exception de ceux entrant dans le champ d'application de l'article 25 de la même loi, ceux réalisés sur les parties communes afin d'améliorer la sécurité des personnes et des biens au moyen de dispositifs de fermeture permettant d'organiser l'accès à l'immeuble.

b) Urgence et travaux décidés en application des articles 25 et 26

Outre les travaux d'entretien que le syndic peut faire exécuter sans avoir à consulter l'assemblée générale (▪ *CA Paris 22 mai 1998, Loyers et copr. 1999, n° 55)*, il doit faire exécuter tous les travaux nécessaires à la sauvegarde de l'immeuble en cas d'urgence (article 18 de la loi de 1965). C'est donc dès avant que l'assemblée générale ne se prononce sur de tels travaux, que le syndic pourra procéder à leur mise en œuvre. Mais il lui incombe d'en informer immédiatement les copropriétaires et de convoquer une assemblée générale d'urgence.

Cette situation n'est pas celle visée à l'article 42 de la loi qui s'applique aux travaux ayant donné lieu à décision et dont l'exécution s'avérerait urgente. Il n'en reste pas moins que la notion d'urgence correspond, dans ces deux hypothèses, à des cas identiques. On ne peut en effet imaginer de déroger au caractère suspensif du délai de recours contre la décision d'assemblée que dans la mesure où les travaux en cause doivent être rapidement exécutés afin de préserver la sécurité des personnes, la salubrité et la solidité de l'immeuble.

En toutes hypothèses, la notion de travaux urgents doit être interprétée strictement (en ce sens : v. ▪ *Civ. 3°, 14 juin 2000, Administrer 2000, n° 326, p. 77* ▪ *CA Paris, 23e ch. A, 30 janv. 2002, AJDI 2002, p. 473).*

§ 2. La personne chargée d'exécuter

Si les décisions du syndicat sont prises en assemblée générale, leur exécution est confiée au syndic placé éventuellement sous le contrôle d'un conseil syndical.

A. Le syndic

Le syndic, professionnel ou non, valablement désigné, doit exercer personnellement ses fonctions de représentation.

1. L'exécution personnelle par le syndic

Désigné par l'assemblée générale statuant à la majorité des voix de tous les copropriétaires (ou dans le règlement de copropriété ou dans un acte portant accord des parties, avant la réunion de la première assemblée générale, et ayant donné lieu à la ratification de cette première assemblée dans l'année de la naissance du syndicat - faute de ratification de la désignation du syndic provisoire, ses fonctions cessent, même en cas de désaccord des copropriétaires relativement à la désignation de son successeur), le syndic peut être choisi parmi des personnes, physiques ou morales, titulaires de droit divis ou indivis sur un lot de copropriété ou leurs conjoints, ou parmi des professionnels répondant aux exigences de la loi Hoguet du 2 janvier 1970.

En l'absence de désignation d'un syndic par l'assemblée générale des copropriétaires, un ou plusieurs copropriétaires peut obtenir du président du tribunal de grande instance la désignation d'un syndic par ordonnance. Les fonctions du syndic ainsi désigné prendront fin de manière automatique à compter de l'acceptation de son mandat par le syndic désigné ultérieurement par l'assemblée (D. 1967, art. 46).

Dans les autres cas d'absence de syndic régulier (démission, absence de convocation d'une nouvelle assemblée avant l'expiration du mandat du précédent syndic et donc cessation des fonctions de ce dernier par arrivée du terme, nullité du mandat du syndic ou encore cas de manque de garantie financière exigée des syndics professionnels ▪ *CA Aix en Provence, 12 juin 1997, D. 1998, somm. 121, obs. C. Atias* et art. 77 loi du 13 décembre 2000 prévoyant la nullité de plein droit du mandat du syndic dans un tel cas, nullité du contrat de mandat), tout intéressé peut s'adresser au président du tribunal de grande instance afin d'obtenir la désignation d'un administrateur provisoire de la copropriété qui sera notamment chargé de convoquer l'assemblée en vue de la désignation d'un syndic (la désignation d'un syndic par une assemblée convoquée par un copropriétaire serait irrégulière ▪ *Civ. 3, 4 mai 1988, JCP N 1988, 602* -D. 1967 art. 47- seul l'administrateur provisoire peut valablement convoquer une assemblée pour ce faire. On notera que le syndic démissionnaire est juridiquement capable de demander la désignation d'un administrateur provisoire ▪ *Civ. 3, 4 fév. 2004, Bull. civ. III n° 21 p. 21).*

En cas de carence du syndic à exercer les droits et actions du syndicat, tout comme en cas d'empêchement de sa part pour quelque cause que ce soit (et non pas d'absence cf. cas visé par l'article 47 du Décret du 17 mars 1976), un administrateur provisoire peut être désigné par décision de justice, sauf stipulation contraire du règlement de copropriété (L. 1965 art. 18), à la demande de tout intéressé (D. 1967, art. 49). Mais il n'appartient pas à la juridiction qui désigne un administrateur provisoire de mettre fin aux fonctions du syndic qui ne peut être révoqué que par décision de l'assemblée générale des copropriétaires (▪ *Civ. 3°, 20 juin 1978, D. 1978 IR 432 obs. C. Giverdon*). Le syndic désigné par l'assemblée poursuit l'exercice de ses fonctions pour tout ce qui n'entre pas dans la mission confiée à l'administrateur provisoire et en recouvre la plénitude au jour de la cessation des fonctions de ce dernier.

Le syndic, seul responsable de sa gestion, ne saurait se substituer un tiers. Il peut toutefois se faire représenter par un de ses préposés (D. 1967 art. 30) et l'assemblée générale peut, à la majorité de l'article 25 de la loi du 10 juillet 1965, l'autoriser à déléguer certains de ses pouvoirs à une tierce personne à une fin déterminée pour les décisions relevant de la majorité simple (il a ainsi été admis que l'assemblée pouvait charger des copropriétaires d'étudier des devis en collaboration avec un architecte et le syndic et de choisir une entreprise afin d'exécuter des travaux par ailleurs votés ▪ *TGI Paris, 9 janv. 1980, Rev. Loyers 1980, 543* ▪ *CA Paris 22 mai 1998, Loyers et copr. 1998 n° 318).* Mais serait nulle une délégation générale de pouvoir telle que celle donnée au conseil syndical d'accomplir tous actes relevant de la gestion du syndicat *(▪ Civ. 3, 25 mai 1976, D. 1976 IR p. 252).*

Lorsque le syndic professionnel donne son fonds de gestion immobilière en gérance, le locataire gérant ne peut se substituer au syndic en l'absence de décision de l'assemblée générale en ce sens *(▪ CA Paris 3 déc. 1998, Loyers et copr. 1999, n° 140 obs. Vigneron ▪ CA Paris 22 oct. 1998, AJDI 1999, 244).*

Il a également été jugé que la cession du fonds de gestion immobilière par le syndic désigné n'entraînait pas de plein droit poursuite des fonctions de représentations par le cessionnaire *(▪ CA Paris 4 janv. 1993, Loyers et copr. 1993 n° 198 ▪ Civ ; 3, 18 nov. 1997, RDI 1998137 obs. P. Capoulade).*

Le caractère personnel de la mission confiée au syndic explique également que la fusion absorption de la société titulaire du mandat de gestion ne se voit pas substituée par la société bénéficiaire de l'opération de concentration en l'absence de décision expresse prise par l'assemblée en ce sens *(▪ Civ. 3, 10 nov. 1998, RDI 1999 p. 152 ▪ Com., 30 mai 2000, Bull. IV n° 113 ; RDI 2000, p. 392).* Mais le simple changement de la personne d'un ou de plusieurs actionnaires d'une personne morale gestionnaire immobilier, ne devrait pas avoir de conséquence sur le ou les mandats de syndic qui lui ont été confiés (Rép. min. n° 16177 : JOAN Q 14 sept. 1998 p. 5112). Le caractère contractuel du mandat donné au syndic permet toutefois à l'assemblée d'y faire figurer une disposition l'obligeant à l'informer des regroupements, fusion et modifications de l'actionnariat.

2. L'exécution des décisions par le syndic

Le syndic est chargé « d'assurer l'exécution … des délibérations de l'assemblée générale » (Loi 1965, art. 18). Il dispose en la matière d'une compétence exclusive. Aussi les copropriétaires ne peuvent individuellement procéder à la mise en oeuvre des résolutions de l'assemblée (▪ *CA Paris, 14e ch. A, 31 oct. 1990, Loyers et copr. 1991, n° 45* ; un copropriétaire ne peut faire exécuter lui-même les travaux décidés en assemblée ▪ *Civ. 3, 3 juin 1998, Loyers et copr. 1998, n° 228*). Dans l'éventualité où l'assemblée générale aurait confié l'exécution d'une décision d'assemblée générale à un tiers tel qu'un membre du conseil syndical, le syndic tout de même devrait s'assurer de l'exécution de cette décision (▪ *Civ. 3, 4 oct. 1995, RDI 1996, 114 obs. P. Capoulade).* Mais le syndic ne doit pas mettre à exécution un simple vœu émis par l'assemblée, qui n'a pas donné lieu à un vote (▪ *TGI Paris, 13 janv. 1977 :D. 1978 IR 134).*

En tant qu'agent d'exécution, le syndic doit seulement veiller à ce que les décisions prises en assemblée générale soient suivies d'effet sans se faire juge de la validité ou de l'opportunité des décisions adoptées par l'assemblée générale qui en est seule responsable *(▪ Civ. 1ère, 9 juill. 1963, AJPI 1964, II, p. 395* ; voir également Rép. min. n° 29474 : JO AN Q, 18 mars 1996 p. 1522 à propos de l'obligation pour le syndic de respecter la délibération de l'assemblée portant sur l'envoi aux copropriétaires des procès-verbaux des séances du conseil syndical). Il ne serait en conséquence être tenu responsable de l'illégalité d'une résolution de l'assemblée générale, dans la limite de l'illégalité manifeste nous semble-t-il. En ce sens, la cour de Paris a retenu la responsabilité personnelle d'un syndic qui avait exécuté une décision qui a par la suite été annulée (▪ *CA Paris, 16 mai 1978, loyers 1979, p. 161. Dans le même sens* ▪ *Civ. 3, 17 juin 1997* RDI *1997, 624 obs. P. Capoulade*). On ne saurait oublier que le syndic professionnel est tenu d'un devoir de conseil et, à ce titre, d'attirer l'attention de l'organe délibérant sur le risque qu'entraîne l'adoption d'une décision illicite (Arnaud, Le devoir de conseil du syndic de copropriété, JCP N 1977, I, p. 445 – Pour des exemples de manquements du syndic à son devoir de conseil, voir ▪ *CA Paris 16 oct. 1992, D. 1994 somm. 207 obs. Bouyeure* ▪ *CA Paris 30 avr. 2003 Loyers et copr. 2003 n° 229 obs. Vigneron).* Lorsque le syndic rencontre des obstacles dans l'exécution de sa mission d'exécution des décisions d'assemblée, il doit au minimum en informer le conseil syndical, et, en cas de doute sur le contenu de la décision adoptée, a tout intérêt à convoquer une nouvelle assemblée générale (il en sera ainsi si l'exécution de la décision adoptée suppose que soient engagées des dépenses supplémentaires non envisagées par l'assemblée générale (▪ *CA Paris, 25 janv. 2001, AJDI 2001, p. 530).*

L'absence d'exécution d'une décision régulière d'assemblée, tout comme la mauvaise exécution de celle-ci, est de nature à engager sa responsabilité contractuelle à l'égard du syndicat (ex. ▪ *CA Paris 17 fév. 1999 loyers et copr. 1999 n° 198* ▪ *Civ. 3, 13 avr. 1988 Bull. III n° 70* ; pour un refus de mettre en œuvre la décision d'assemblée de poursuivre en justice un copropriétaire défaillant ▪ CA *Paris 13 mars 2003, AJDI 2003, 427*) et délictuelle à l'égard d'un copropriétaire (▪ *Civ. 3, 6 mars 1991, D. 1991 IR p. 91).*

La carence du syndic à exécuter une décision de l'assemblée générale peut justifier la désignation en référé d'un administrateur provisoire (▪ *Cass. 3e civ., 29 mai 2002, no 00-17.296, Rev. Administrer 2002, no 347, p. 61).*

On relèvera ici que le syndic peut également agir en qualité de mandataire d'un copropriétaire en vertu du nouvel article 39-1 du décret du 17 mars 1967. En effet, les copropriétaires bénéficiant de subventions publiques (c'est à dire d'aides provenant d'organismes publics ou parapublics tel que l'ANAH) pour la réalisation de travaux sur les parties communes, peuvent donner mandat au syndic pour percevoir, gérer et organiser l'emploi de ces fonds. Ce mandat, soumis aux règles du code civil (art. 1984 et s.) ne peut être confié qu'à un syndic « soumis à une réglementation professionnelle organisant le maniement des fonds d'autrui » (ce qui exclut, notamment, le syndic bénévole).

B. Le conseil syndical

La désignation du conseil syndical, qui était une simple faculté avant la loi n° 85-1470 du 31 décembre 1985, est devenue obligatoire. Il s'agit désormais d'un organe existant de plein droit dans toute copropriété, à moins que l'assemblée générale n'y renonce par une délibération spéciale adoptée à la majorité des membres du syndicat représentant au moins les deux tiers des voix (art. 21 de la loi du 10 juillet 1965). Toutefois, si la copropriété est organisée dans le cadre d'un syndicat coopératif, le conseil syndical est incontournable car le syndic est désigné par lui parmi ses membres.

Elus par l'assemblée générale à la majorité des voix de tous les copropriétaires, ou, à défaut, lors d'un deuxième vote ou d'une deuxième assemblée, à la majorité des voix exprimées des copropriétaires présents ou représentés, les membres du conseil syndical sont des copropriétaires, leurs conjoints ou leurs représentants légaux ou les associés d'une société d'attribution lorsqu'une telle société fait partie du syndicat, les locataires-accédants en vertu d'un contrat de location-accession et les locataires à terme en vertu d'un contrat de vente consenti par un organisme HLM. Mais le syndic, son conjoint, ses ascendants, ses préposés ne peuvent, même s'ils sont copropriétaires, associés, locataires-accédants ou acquéreurs à terme, être membres du conseil syndical (sauf syndicat coopératif).

A défaut de désignation d'un conseil syndical par l'assemblée, tout copropriétaire ou le syndic peut saisir, par voie de requête, le président du tribunal de grande instance qui peut désigner par ordonnance les membres du conseil syndical (avec l'accord de ces derniers) ou constater l'impossibilité de mettre en place un tel conseil.

Une fois désignés, les membres du conseil syndical, mandataires bénévoles du syndicat, se réunissent afin de désigner leur président qui disposera de pouvoirs propres (D. 1967, art. 8 et 18-2 notamment).

Afin de mener à bien sa mission d'assistance et de contrôle du syndic, le conseil syndical peut prendre conseil auprès de toute personne de son choix et, sur une question particulière, demander un avis technique à tout professionnel de la spécialité. Les dépenses entraînées par ces différentes interventions sont supportées par la syndicat et payées par le syndic au titre des charges communes générales (D. 1967 art. 27). Le conseil syndical peut également prendre connaissance et copie, à sa demande et après avoir donné avis au syndic, de toutes pièces ou documents, correspondances ou registres se rapportant à la gestion du syndic et, d'une façon plus générale, à l'administration de la copropriété (L. 1965, art. 21 al. 3). Il peut en outre, à sa demande, recevoir communication de tout document intéressant le syndicat (L. 1965, art. 21 al. 4). Tous les documents relatifs aux comptes bancaires du syndicat devront être communiqués aux membres du conseil syndical habilités à contrôler la comptabilité du syndic (D. 1967, art. 26 al. 3).

Le conseil syndical ne se contente pas de contrôler la gestion du syndic notamment en ce qui concerne la comptabilité, la répartition des dépenses, les conditions dans lesquelles sont passés et exécutés les marchés ou tous autres contrats, ainsi que l'élaboration du budget prévisionnel dont il suit l'exécution (D. 1967 art. 27), il donne également son avis sur toutes questions relatives au syndicat et notamment sur les contrats de marchés dont le montant dépasse un seuil fixé par l'assemblée générale (L. 1965 art. 21). Mais il ne peut se substituer au syndic ou à l'assemblée générale dans le cadre de la gestion normale de l'immeuble (▪ *Civ., 22 mars 1990, Bull. civ. III, n° 123* : à propos de l'impossibilité pour le conseil syndical de représenter le syndicat en justice ; voir également : Rép. min. n° 9010, JO Sénat Q. 16 mars 1995, p. 644).

Le conseil syndical rendra compte à l'assemblée, chaque année, de l'exécution de sa mission ainsi accomplie (D. 1967, art. 22 al. 2).

On précisera enfin que si les membres du conseil syndical ne sont pas responsables de la gestion du syndic, ils ne doivent pas oublier qu'ils peuvent engager leur responsabilité, tant envers le syndic qu'envers le syndicat, lorsqu'ils commettent une faute.

4

La contestation des décisions d'assemblée

Les décisions d'assemblées générales peuvent être remises en cause par le biais d'une action en nullité dite action en contestation. Une telle contestation est à distinguer du cas de la révocation d'une décision d'assemblée générale. L'article 24 de la loi du 10 juillet 1965 permet à l'assemblée générale des copropriétaires de revenir sur une précédente décision devenue définitive sous trois conditions. La première résolution ne doit pas encore avoir été exécutée. La seconde résolution doit être justifiée par la survenance d'un ou plusieurs faits nouveaux. Cette même dernière résolution ne doit pas porter atteinte aux droits acquis par les copropriétaires en vertu de la précédente décision. Il y a droits acquis au profit d'un ou plusieurs copropriétaires, résultant de la précédente assemblée générale, si la décision de cette assemblée est de nature à leur conférer un avantage particulier et ce même si toutes ses conditions de mise en œuvre n'ont pas été précisées (▪ *TGI Nanterre, 5e chambre B, 24 octobre 2001, Administrer, fév. 2002, n° 341 p. 37 note Bouyeure).*

La réglementation de la question de la contestation des décisions d'assemblée est peu fournie. Elle se résume pour l'essentiel à l'article 42 alinéas second et dernier de la loi du 10 juillet 1965. Ce texte fixe les conditions des actions en justice offertes aux copropriétaires afin de contester les décisions des assemblées générales ainsi que la sanction encourue en cas d'action dilatoire ou abusive relativement à certaines décisions. Il doit être interprété à la lumière du droit applicable au fonctionnement des assemblées générales et du droit commun. On précisera toutefois que le copropriétaire qui demande la nullité d'une résolution d'assemblée générale est recevable à engager cette action quand bien même il n'aurait aucun intérêt personnel démontré à le faire. En effet, tout copropriétaire est sensé avoir intérêt à faire respecter la réglementation légale concernant les assemblées générales (V. notamment ▪ *CA Paris 30 sept. 1977, Gaz. Pal. 1978 1, somm. 214).*

Section 1. Les conditions de contestation

Toute décision d'assemblée générale n'est pas susceptible de contestation par toutes personnes et à tous moments. Il convient donc de déterminer les conditions d'une action en contestation quant aux personnes ayant qualité pour agir, aux délais pour agir et aux motifs de contestation.

§ 1. Qualité pour agir

Les décisions adoptées en assemblée générale peuvent être contestées en justice « par les copropriétaires opposants ou défaillants » (L. 10 juill. 1965, art. 42 al. 2). Pour pouvoir contester une décision d'assemblée il faut donc avant tout être copropriétaire, mais également opposant ou défaillant.

A. Qualité de copropriétaire

Seuls les copropriétaires peuvent faire annuler en justice les décisions prises en assemblée du syndicat. Les demandes d'annulation introduites par des porteurs de parts ou d'actions d'une société immobilière copropriétaire sont donc irrecevables (▪ *Civ. 3, 4 nov. 1977, D. 1978 p. 470* ▪ *Civ. 3, 22 janv. 1992, Bull. civ. III n° 26),* alors même que ces associés peuvent participer aux assemblées générales et prendre part aux votes (L. 1965 art. 23). Ces personnes ne sont toutefois pas totalement privées de recours puisqu'elles pourront agir par l'intermédiaire de la société copropriétaire.

Ne sont pas non plus recevables les actions intentées par le locataire d'un lot de copropriété (▪ *CA Paris, 27 mai 1987, Loyers et copr. 1987 n° 328* ▪ *5 juill. 1994, Rev. Loyers 1994 512*), par l'ancien syndic de la copropriété (▪ *Civ. 3, 23 juin 1999, JCP 1999 IV 2541* ▪ *CA Paris 4 juill. 1995 D. 1997 somm. p. 14*), par le syndicat des copropriétaires (▪ *Civ. 3, 4 juin 1985, Bull. III n° 88* ▪ *Civ. 3, 3 mai 2001, AJDI 2001, 803 obs. P. Capoulade*), par l'auteur non qualifié d'une convocation de l'assemblée générale (▪ *CA Paris, 23e ch. B, 7 juin 2001, Loyers et copr. 2001, n°295)* ou encore par le concierge de l'immeuble soumis au régime de la copropriété (▪ *Civ. 3°, 7 déc. 1988, D. 1988 IR p. 300*). Mais l'associé d'une société d'attribution copropriétaire ou locataire accédant est assimilé à un copropriétaire et sera donc en mesure de contester en justice la décision d'assemblée.

La qualité de copropriétaire s'apprécie au jour de l'adoption de la délibération dont l'annulation est demandée *(▪ Civ. 3°, 3 mai 1990, Bull. III n° 108 ▪ Civ. 3°, 5 avr. 1995, Rev. Administrer 1996, n° 278, p. 42, note Gélinet ▪ Civ. 3°, 25 mars 1997, RDI 1997, p. 283 ▪ Civ. 3°, 18 févr. 2004, Bull. III n° 31 p. 29, Rép. Def. 2004 p. 1169 n° 63 obs. C. Atias)*. En cas de vente du lot, il appartient au copropriétaire ayant assisté à l'assemblée d'agir *(▪ CA Paris 29 mars 2001, Loyers et copr. 2001 n° 266)*, dans la mesure où la qualité et l'intérêt à agir s'apprécie au moment où naît le droit d'agir. Il peut en être autrement si la personne qui a acquis la qualité de copropriétaire après la date de l'assemblée a été subrogée dans les droits de l'ancien copropriétaire ou qu'elle poursuit l'action engagée par son auteur *(▪ CA Paris 28 mai 1993, Loyers et copr. 1993 n° 410 ▪ CA Paris 12 oct. 1995 D. 1996 somm. 91 obs. C. Atias)*. A l'évidence, les décisions prises postérieurement à la vente du lot ne peuvent être remises en cause par l'ancien propriétaire (▪ *Civ. 3°, 26 mai 1994, D 1996 somm. 163 obs. Bouyeure ▪ Civ. 3, 5 avr. 1995, RDI 1995, p. 594*).

On rappellera ici que la simple mutation d'un lot de copropriété ne rend pas opposable au syndicat le changement de la personne du copropriétaire. Tant que le transfert de propriété d'un lot n'a pas été notifié au syndic, l'ancien propriétaire conserve cette qualité à l'égard du syndicat (D. 1967, art. 6 ▪ *Civ. 3°, 3 oct. 1972, JCP 1972 II 17250 note Guillot ▪ Civ. 3, 3 juill. 1974 Bull. III n° 287 ▪ Civ; 3, 31 mars 1993, RDI 1993 256 obs. P. Capoulade*), quand bien même le syndic a pu avoir une connaissance personnelle de cette mutation *(▪ Civ. 3°, 22 mai 1990, Loyers et copr. 1990 n° 319*). Faute d'avoir procédé à la notification de l'acte de vente au syndic, l'acquéreur d'un lot de copropriété n'a pas la qualité de copropriétaire au sens de la loi du 10 juillet 1965 et ne peut en conséquence contester une décision d'assemblée *(▪ CA Aix en Provence 9 mars 2000, D 2000 somm. 217 obs. C. Atias*). En cas de notification concomitante de la vente et de la revente d'un lot de copropriété, l'acquéreur intermédiaire n'aura jamais acquis la qualité de copropriété à l'égard du syndicat *(▪ Civ. 3°, 4 janv. 1996, RDI 1996 268 obs. P. Capoulade*) et ne saurait donc contester les décisions d'assemblée.

Lorsqu'un lot est indivis, l'action ne peut être intentée par un seul indivisaire que s'il a la qualité de mandataire commun *(▪ CA Paris, 8 mars 2001, AJDI 2001, p. 715 ▪ CA Paris, 23e ch. B, 4 juill. 2002, AJDI 2002, p. 617 ▪ CA Versailles, 4e ch., 15 déc. 2003, Rev. Administrer 2004, no 364, p. 36).* Il a été admis qu'un tel mandat de gestion pouvait être tacite (▪ *Civ. 3°, 12 mars 1997, JCP N 1997, II p. 1463 note Djigo*). On ne saurait donc retenir la recevabilité de l'action d'un seul indivisaire dont la qualité de mandataire commun est déniée par les autres co-indivisaires *(▪ Civ. 3°, 3 févr. 2004, AJDI 2004, 210).*

B. Qualité d'opposants ou de défaillants

L'article 42 alinéa 2 de la loi du 10 juillet 1965 ne donne qualité à agir en nullité des décisions d'assemblée générale qu'aux seuls opposants et défaillants (not. ▪ *Civ. 3°, 10 déc. 2003 : Rév. Administrer févr. 2004, 44, note P. Capoulade*). La constatation d'une de ces qualités est indispensable à la recevabilité de l'action en contestation de la décision d'assemblée générale *(▪ Civ. 3°, 26 mars 1997, RDI 1997, p. 285 ▪ Civ. 3°, 10 déc. 2003, Rev. Administrer 2004, n° 363, p. 44*). Le procès-verbal qui comporte le texte de chaque résolution et qui indique le résultat de chaque vote en précisant les noms des copropriétaires (ou associés) qui se sont opposés à la décision (et le nombre de voix), ainsi que ceux qui ce sont abstenus et la liste des copropriétaires absents (qu'il suffit de préciser en tête de procès-verbal sans avoir à la reprendre avec le texte de chaque résolution) est un instrument précieux en la matière. Ce document faisant foi des constatations qu'il renferme jusqu'à preuve contraire, il incombe au copropriétaire qui en conteste les mentions de rapporter la preuve de ses allégations (comme, par exemple, la preuve de son départ en cours d'assemblée ▪ *Civ. 3°, 10 déc. 1985, Rép. Def. 1986, art. 33745* ; ou l'inexactitude des mentions ▪ CA Paris, 23e ch. A, 4 oct. 1994, RDI 1995, p. 161 ▪ *CA Paris, 22 févr. 2001, AJDI 2001, p. 446).* Un procès-verbal de constat d'huissier peut être alors utilisé *(▪ CA Paris, 26 janv. 2000, Monod c/ Synd. copr. 40-42 rue de Varenne à Paris, Rev. Administrer 2001, n° 336, p. 39).* Le vote à bulletin secret ne permettant pas d'individualiser le sens du vote de chaque copropriétaire, tous les copropriétaires sont recevables à agir (▪ *CA Paris 28 nov. 1984, D. 1985 IR 428 obs. C. Giverdon).* De la même façon, aucune action ne sera recevable lorsque les décisions ont été adoptées à l'unanimité (▪ *CA Paris, 23e ch. B, 4 oct. 2001, Rev. Administrer 2002, n° 343, p. 49*) sauf pour un copropriétaire à démontrer que son consentement a été surpris par dol (▪ *TGI Paris, 30 oct. 1980, Gaz. Pal. 1981, 2, jur., p. 728, note Morand).*

1. Les copropriétaires opposants

Les copropriétaires opposants sont ceux qui ont voté dans le sens contraire à celui de la majorité, sans qu'il soit besoin d'établir qu'ils ont subi un quelconque préjudice (▪ *Civ. 3°, 3 oct. 1974, JCP G 1975, II, n° 18007*). Réciproquement, a la qualité d'opposant, le copropriétaire qui a voté pour une résolution non adoptée en assemblée générale (▪ *Civ. 3, 24 janv. 2001, AJDI 2001, p. 440* ▪ *Civ. 3, 12 mars 2003, Rev. Administrer 2003, n° 357, p. 43).*

Est donc irrecevable l'action des copropriétaires ayant voté en faveur d'une décision de l'assemblée générale, que le copropriétaire ait voté directement ou par l'intermédiaire d'un mandataire importe peu (▪ *Civ. 3, 14 oct ; 1980, Rev ; Loyers 1987, 97 ; 15 janv. 1997, RDI 1997, 284 obs. P. Capoulade*). Toutefois, lorsque le vote a été émis par un mandataire sur une question non inscrite à l'ordre du jour, il est considéré comme ayant agi sans pouvoir et le copropriétaire devra être considéré défaillant (▪ *CA Paris 9 juin 1999, Loyers et copr. 1999 n° 269).*

Sont assimilés à des opposants les copropriétaires qui ont formulé des réserves lors des délibérations (▪ *Civ. 3°, 26 oct. 1983, Defrénois 1984 art. 33342, note Souleau, JCP 1984, II n° 20305, note C. Atias*). Le fait pour un copropriétaire de voter contre une résolution de l'assemblée lui permet d'agir en nullité contre les autres résolutions de la même assemblée pour lesquelles il s'est abstenu, à condition que ces différentes décisions soient indivisiblement liées (▪ *CA Douai, 20 nov. 1995, Rev. Administrer 1996, n° 279, p. 48*). Mais l'abstention sans réserve des copropriétaires qui ont assisté aux débats, n'est pas assimilée à une opposition et ne peut donc leur permettre d'agir en contestation de la décision de l'assemblée (▪ *Civ. 3°., 3 juill. 1996, D. 1996, I.R., p. 1996* ▪ *Civ. 3°, 2 févr. 1999, Loyers et copr. 1999, n° 132*).

On notera toutefois que la jurisprudence, qui fait preuve d'une rigueur extrême en ce qui concerne les convocations d'assemblée générale, admet que la nullité pour non-respect des règles inhérentes à ces convocations puisse être invoquée par un copropriétaire même s'il a participé à l'assemblée générale sans émettre de protestation (▪ *Civ. 3°, 17 avr. 1991, Bull. civ. III n° 121* ▪ *Civ. 3, 25 nov. 1998, Bull. civ. III n° 223).*

2. Les copropriétaires défaillants

Les copropriétaires défaillants sont les membres du syndicat qui n'ont été ni présents ni représentés à l'assemblée générale (▪ *Civ. 3°, 14 oct. 1980, Rev. loyers 1981, p. 97).* Est assimilé à un copropriétaire défaillant celui qui conteste une décision dont le vote ne portait pas sur une question inscrite à l'ordre du jour, quelle que soit l'attitude de son mandataire *(▪ CA Paris, 23e ch. A, 27 févr. 2002, Rev. Administrer 2002, n° 344, p. 46*). Entre également dans cette catégorie le copropriétaire qui se retire de l'assemblée avant un vote après avoir exprimé des griefs (▪ *CA Paris, 19e ch. A, 29 sept. 1997, JCP 1998, IV, n° 1562* ; en ce sens : Rép. Min. n° 3015 JO AN Q 16 août 1993 p. 2581 qui préconise la mention au procès-verbal d'assemblée du départ du copropriétaire qui quitte l'assemblée en cours, afin d'éviter qu'il soit considéré comme présent pour le reste de l'assemblée. Sur cette question voir : C. Atias, D. 1994, Chr. 123) ainsi que le copropriétaire qui aura émargé la feuille de présence en qualité de mandataire, mais qui a refusé de le faire pour ses propres lots et dont les voix personnelles n'ont pas été comptabilisées lors du vote (▪ Civ. 3°, 22 juill. 1998, RDI 1998, p. 686).

La seule qualité de l'auteur de l'action ne suffit pas à en assurer la recevabilité. Il faut encore qu'elle soit exercée dans le délai prévu par la loi.

§ 2. Délai pour agir

L'action tendant a obtenir la nullité d'une décision d'assemblée générale de copropriétaires doit être intentée dans un délai donné dont il nous faudra préciser les règles de calcul.

A. Durée du délai

L'action en nullité doit en principe être mise en œuvre dans un délai de deux mois. Mais certaines actions en nullité échappent à cette règle.

1. Action en nullité dans les deux mois

A peine de déchéance, les actions qui ont pour objet de contester les décisions des assemblées doivent être introduites dans un délai de deux mois à compter de la notification qui doit en être faite aux opposants ou défaillants à l'initiative du syndic de copropriété (L. 1965 art. 42 alinéa 2).

Ce délai d'action est à distinguer de celui offert aux copropriétaires pour exercer les actions personnelles ou les actions réelles dont ils peuvent disposer.

2. Actions personnelles et actions réelles

Les actions personnelles nées de l'application de la loi du 10 juillet 1965 entre copropriétaires ou entre un copropriétaire et le syndicat (telle une action relative aux recouvrement des charges. L. 1965 art. 42 alinéa 1), se prescrivent par dix ans. Ce délai d'action s'applique aux actions en nullité des assemblées convoquées par un syndic n'ayant plus pouvoir pour le faire (*▪ Civ. 3°, 28 juin 1995, Bull. civ. III, no 158 contra ▪ CA Paris, 19e ch. A, 11 mars 1997, RDI 1997, p. 288*), ainsi qu'à toute action en nullité qui s'appuie sur le non respect des règles de convocation aux assemblées (pour un exemple de nullité en raison de l'absence de qualité de l'auteur de la convocation ▪ *Civ. 3°, 17 avr ; 1991, JCP N 1991 II p. 217 ; contra ▪ Civ. 3°, 15 janv. 2003, JCP N 2003 1522* en raison du fait que l'auteur de la convocation irrégulière était également demandeur en nullité). Il en ira de même de l'abus de droit commis par un syndicat de copropriétaires en violation des principes d'ordre public de la loi du 10 juillet *1965 (▪ TGI Nanterre, 20 sept. 2000, Rev. Administrer 2001, n° 331, p. 44*).

Les actions réelles quant à elles, telles que celles qui ont pour finalité de restituer aux parties communes ce qu'un copropriétaire s'est indûment approprié (Civ. 3, 11 janv. 1989, Bull. civ. III n° 11) ou celles qui visent à obtenir la démolition d'un équipement empiétant sur une partie privative (*▪ Civ . 3°, 20 nov. 2002, Bull. civ. III n° 323*) se prescrivent quant à elles par trente ans.

On notera que les actions en nullité des clauses d'un règlement de copropriété contraires à l'ordre public de la loi du 10 juillet 1965, ne sont pas soumises à la prescription décennale. La contestation de leur caractère illicite peut intervenir à tout moment (Rép. min. n° 20926, JOAN Q 21 déc. 1998, 6996 ▪ *Civ. 3, 27 sept. 2000, D. 2001 jp. p. 408 note P. Capoulade et C. Giverdon, Bull. civ. III n° 153*). Tel sera le cas d'une clause introduite au règlement de copropriété par une décision d'assemblée portant sur la répartition des charges, en contravention avec les dispositions de l'article 10 de la loi du 10 juillet 1965. L'action tendant à faire constater la nullité d'une telle décision est jugée imprescriptible (▪ *CA Paris 17 juin 2004, Loyers et copr. 2004 n° 171*).

B. Calcul du délai

Le calcul du délai d'action en contestation des décisions d'assemblée suppose déterminé le point de départ de ce délai ainsi que les incidents susceptibles d'en interrompre ou d'en suspendre le cours.

1. Point de départ du délai

Le délai d'action en nullité des décisions d'assemblée générale ne saurait courir en l'absence de notification de celles-ci faisant suite à une convocation régulière à l'assemblée en cause.

a) Nécessité d'une notification

Le délai commencera à courir à compter de la notification du procès-verbal d'assemblée, effectuée selon les modalités de l'article 18 du décret du 17 mars 1967. Cette notification devra, à peine de nullité, mentionner les résultats du vote (en pratique, on notifie une copie du procès-verbal), ainsi que la reproduction intégrale de l'article 42 de la loi du 10 juillet 1965 (toutefois, l'absence de la fin de la phrase de ce texte indiquant que le syndic doit notifier le procès-verbal dans les deux mois de la tenue de l'assemblée générale ne débouche pas sur la nullité dès lors que cette irrégularité n'a pas de conséquence pour le copropriétaire dans la mesure où la notification a bien été effectuée dans le délai imparti au syndic ▪ *Civ. 3°, 31 mai 2000, Bull. civ. III, n° 118).* L'absence de notification, tout comme l'existence d'une notification irrégulière, ne fera pas courir le délai prévu par la loi (ex. ▪ *Civ. 3°, 14 févr. 1996, RDI 1996, p. 273).*

L'absence de respect du délai de notification (de deux mois à compter de la tenue de l'assemblée) n'a pas d'incidence sur le droit de contestation des copropriétaires (▪ *Civ. 3°, 4 juin 2003, Bull. III n° 122, AJDI 2003 n° 676).*

b) Nécessité d'une convocation

De la même façon qu'en cas d'absence de notification, l'irrégularité de la convocation d'un copropriétaire à l'assemblée ne permettra pas au délai d'action en nullité contre les décisions d'assemblée de courir à son encontre (▪ *Civ. 3°, 8 mars 2000, RDI 2000, p. 240, AJDI 2001, p. 255.* Cette situation est à distinguer de celle où le projet de résolution n'a pas été notifié en même temps que l'ordre du jour. Dans un tel cas, la décision ne peut être valablement adoptée, mais la convocation est régulière). Le copropriétaire non convoqué dispose d'un délai de dix années pour agir en annulation de l'assemblée (▪ *Civ. 3°, 18 juin 2003, Bull. III n° 132).*

Afin de limiter le contentieux inhérent à la question du point de départ du délai de deux mois, un décret du 4 avril 2000 (qui est venu modifier l'article 64 du décret du 17 mars 1967) a fixé le point de départ de tout délai déclenché par une notification au « lendemain du jour de la première présentation de la lettre recommandée au domicile du destinataire ».

Lorsqu'un délai se calcule en mois, il expire le jour du dernier mois qui porte le même quantième que le jour de la notification qui fait courir le délai et, à défaut d'un quantième identique, le délai expire le dernier jour du mois (article 641 alinéa 2 du nouveau Code de procédure civile).

L'expiration du délai instituée par l'alinéa 2 de l'article 42 étant absolue, la contestation tardive d'une décision de l'assemblée générale ne sera pas recevable après cette date, même par voie d'exception (▪ *CA Paris, 30 nov. 1994, Loyers et copr. 1995, n° 242* ▪ *CA Paris, 4 oct. 2001, Loyers et copr. 2002, n° 69).*

2. Interruption ou suspension du délai

Le délai pour agir est traditionnellement considéré comme un délai préfix et non un délai de prescription (Civ., 17 juill. 1991, Loyers et copr. 1991, n° 324). Malgré cela, il est admis que l'article 642 du nouveau Code de procédure civile est applicable aux précisions de l'article 42 alinéa 2 de la loi du 10 juillet 1965. Aussi, le délai qui expirait normalement un samedi, un dimanche ou un jour férié ou chômé, est prorogé jusqu'au premier jour ouvrable suivant (▪ *Civ. 3, 26 mars 1997, Rev. Administrer 1998, n° 296, p. 53).*

Ce délai d'action n'est donc susceptible ni d'interruption ni de suspension. Seule une action en justice devant le tribunal compétent (CA Paris, 23 juill. 1981, D. 1982, IR p. 143 ; CA Paris, 10 nov. 1995, D. 1996, somm., p. 89, obs. Atias ; jugé toutefois qu'une action en annulation intentée devant une juridiction incompétente interrompt valablement le délai légal de deux mois ▪ *Civ. 3, 8 juill. 1998, Bull. III n° 160, RDI 1998, p. 686 obs. Capoulade)* ou une demande adressée au bureau d'aide judiciaire (▪ *CA Paris, 28 juin 1988, RDI 1988, p. 503)* peut interrompre ce délai. L'envoi d'une lettre de contestation, quelle qu'en soit la forme, serait inefficace *(▪ Civ. 3, 25 mars 1997 RDI 1997 p. 283).*

La date à prendre en considération pour apprécier la recevabilité de l'action est celle de l'assignation en justice adressée au syndicat des copropriétaires et non celle de l'enrôlement *(▪ Civ. 3°, 26 juin 2002, Bull. III n° 152 ▪ CA Paris 10 déc. 2003, Rev. Administrer févr. 2004 p. 50 obs. P. Capoulade ▪ Civ. 3°, 15 janv. 2003, AJDI 2003, p. 203 ; contra ▪ CA Paris 4 févr. 1999, Loyers et copr. 1999 n° 188*). L'assignation doit, à peine de nullité, indiquer le nom du destinataire ou sa dénomination s'il s'agit d'une personne morale (NCPC, art. 54 et 658, al. 4).

La demande en nullité d'une décision d'assemblée générale ne saurait être formée pour la première fois en appel *(▪ Civ. 3°, 14 juin 2000, Rev. Administrer 2000, n° 327, p. 43).* Toutefois, lorsqu'une procédure visant à l'annulation d'une assemblée générale a été mise en oeuvre, une demande additionnelle se rattachant à la prétention originaire par un lien suffisant de dépendance peut être régulièrement formée avant l'expiration du délai de deux mois *(▪ Civ. 3°, 4 avr. 2002, Rev. loyers 2002, p. 428, note P. Déchelette-Tolot).*

Rappelons enfin que l'assignation doit, à peine de nullité, indiquer le nom du destinataire ou sa dénomination s'il s'agit d'une personne morale (NCPC, art. 54 et 658, al. 4). Toutefois, l'assignation délivrée au syndic sous son ancienne dénomination sociale (le lieu d'exercice n'ayant pas été modifié) n'est pas frappée de nullité (▪ *Civ. 3, 6 mai 1998, Rev. Lamy dr. aff. 1998, n° 391, obs. P. Mendak).*

§ 3. Objet de la contestation

Seules les décisions d'assemblée peuvent faire l'objet d'une contestation judiciaire, quel qu'en soit l'objet.

A. Décision d'assemblée

La contestation visée à l'article 42 alinéa second de la loi du 10 juillet 1065 ne concerne que les décisions prises en assemblée, c'est à dire les résolutions ayant été sanctionnées par un vote adoptant ou rejetant un projet de résolution (▪ *Civ. 3°, 4 nov. 204, Loyers et copr. 2005 n° 14 :* ne constitue pas une décision d'assemblée générale pouvant faire l'objet d'une action en annulation la délibération sur une question de l'ordre du jour qui n'a pas donné lieu à un vote. Dans le même sens ▪ *Civ. 3, 26 mars 2003, Loyers et copr. 2003 n° 187 obs. Vigneron* ; Guillot, L'annulation des décisions de l'assemblée, Rev. Administrer 1990, n° 213, p. 10 ; Vigneron, La conception des décisions d'assemblées générales, Loyers et copr. mai 1991) ou encore une « disposition, adoptée par l'assemblée générale, qui revêt une efficacité juridique la distinguant des mesures préparatoires ou de résolution de principe » (▪ *Civ. 3°, 28 avr. 1993, RDI 1993, p. 418, obs. P. Capoulade et C. Giverdon, AJPI 1994, p. 43, obs. Gélinet* ▪ *Civ. 3, 11 janv. 1995, RDI 1995, p. 377*).

Elle ne peut s'appliquer aux délibérations d'assemblée qui se sont contentées d'émettre de simples vœux (▪ *Civ. 3°, 28 avr. 1993, Bull. civ. III n° 59* ▪ *Civ. 3°, 9 juill. 1997, Bull. civ. III n° 207* ▪ *Civ. 3°, 19 nov. 1997, RDI 1998, p. 135*), ni à de simples échanges de points de vue (▪ *Civ. 3°, 11 févr. 1998, RDI 1998, p. 300* ▪ *CA Paris, 11 janv. 2001, AJDI 2001, p. 442*), aux déclarations du syndic figurant au procès-verbal d'assemblée ou aux opinions émises par des copropriétaires (▪ *TGI Paris, 10 juill. 1974, D. 1976 IR 64* ▪ *CA Paris 17 oct. 1985, RDI 1986, 108*) ni encore au fait pour une assemblée de prendre acte de la volonté de l'un des copropriétaires (▪ *CA Paris 17 janv. 1995, D. 1998 somm. 272 obs. Bouyeure*).

Pour qu'une décision d'assemblée puisse valablement intervenir il est nécessaire que la question à laquelle elle répond ait été mentionnée à l'ordre du jour par le syndic. Mais lorsque leur libellé est trop imprécis ou équivoque, aucune décision au sens de la loi ne peut intervenir. Il en a ainsi été jugé à propos d'une résolution libellée de la façon suivante : « problème des fermetures des terrasses ou balcons, décision définitive à prendre » (V. ▪ *Civ. 3°, 17 déc. 1997, Bull. civ. III n° 229 et* ▪ *Civ. 3°, 29 janv. 2003, Bull. civ. III n° 22*).

La consultation des copropriétaires, organisée par le syndic en dehors de toute assemblée générale, est dénuée de toute valeur juridique et ne saurait être assimilée à une décision d'assemblée (▪ *CA Dijon, 16 janv. 1996, Bull. inf. cass. n° 434, 15 juill. 1996, p. 28*). Ne saurait davantage être considérée comme une décision susceptible d'être contestée, le paragraphe du procès-verbal d'une assemblée générale, consacré à la définition des parties communes qui ne comporte aucune délibération sanctionnée par un vote (▪ *Civ. 3°, 4 nov. 2004, AJDI 2005 p. 311 obs. C. Giverdon*).

Enfin, il n'y a pas de décision lorsque l'assemblée générale a adopté une résolution dont la portée excède les pouvoirs qui lui sont reconnus par la loi (▪ *CA Rouen, 11 avr. 1972, D. 1973, jur., p. 134*) ou à une majorité inférieure à celle qui a été fixée par la loi (▪ *CA Paris, 28 janv. 1998, Loyers et copr. 1998, n° 220).*

B. Motifs d'annulation

Les décisions prises par l'assemblée peuvent être annulées pour des motifs de forme ou pour des motifs de fonds. Peuvent s'y ajouter des cas de fraude ou abus de majorité.

1. Motifs de forme

Les règles de forme prévues par les dispositions impératives de la loi du 10 juillet 1965 étant substantielles, les cas d'action en nullité pour non respect de celles-ci sont fréquents. Il peut s'agir de motifs liés au non respect des règles de convocation de l'assemblée, de non respect des règles inhérentes à la prise de décision ou tournant autour des questions de validité du mandat du syndic. L'inobservation de l'une ou l'autre de ces règles va déboucher, non pas sur la contestation d'une « décision » (selon les termes de l'article 42 de la loi de 1965), mais de l'assemblée dans son entier qui n'aura pu valablement se tenir et adopter une quelconque décision.

a) Non respect des règles de convocation

Les règles de convocation d'une assemblée résultent pour l'essentiel de la loi. Mais elles peuvent également avoir été précisées par le règlement de copropriété. La violation de l'une ou de l'autre de ces catégories de règles peut être à l'origine d'une action en nullité.

Ainsi, les décisions prises par une assemblée qui n'a pas été convoquée dans le délai légal de quinze jours, sans qu'il soit établi qu'il y avait urgence (D. 1967, art. 9 ▪ *Civ. 3°, 3 oct. 1974, D. 1974 p. 130* ▪ *Civ. 3°, 10 juill. 2002, Bull. civ. III n° 165)*, sont susceptibles d'une action en nullité sans qu'il soit nécessaire que le demandeur en nullité allègue qu'il ait subi un préjudice en raison du retard dans l'envoi de la convocation (▪ *Civ. 3°, 3 oct. 1991, Loyers et copr. 1991 n° 46 obs. Vigneron* ▪ *Civ. 3°, 25 nov. 1998, Bull. civ. III n° 223*). La même solution s'impose lorsque l'on a affaire au délai de huit jours à respecter pour convoquer une nouvelle assemblée générale en application de l'article 25-1 de la loi du 10 juillet 1965 *(▪ CA Paris, 21 juin 1994, Loyers et copr. 1994 n° 449* ▪ *CA Aix en Provence, 19 déc. 1996, D. 1997 somm. 10 obs. Atias).*

De la même façon, l'absence de notification des documents visés par l'article 11 du décret du 17 mars 1967, dont la liste est interprétée strictement par les tribunaux, *(▪ Civ. 3, 14 janv. 1998, RDI 1998, p. 292 ▪ Civ. 3, 13 nov. 2003, Loyers et copr. 2004, n° 16*) ne peut permettre à l'assemblée de délibérer valablement. Le syndic devra établir qu'il a adressé aux copropriétaires les documents essentiels afin de leur permettre d'exprimer un vote éclairé (▪ *Civ. 3°, 6 mars 2002, Bull. civ. III n° 57).* Lorsque les documents adressés aux copropriétaires ne sont pas exactement identiques à ceux exigés par le décret du 17 mars 1967, les juges apprécieront souverainement si l'information fournie aux copropriétaires est suffisante ou non pour que l'assemblée puisse se prononcer en connaissance de cause (ex. en matière de travaux ▪ *Civ. 3°, 27 nov. 1984, Gaz. Pal. 1985 pan. p. 88* ; en matière de comptes ▪ *Civ. 3°, 8 janv. 1992 Bull. civ. III n° 1).* Il a ainsi été admis que l'article 11 1° du décret du 17 mars 1967 n'exige pas qu'un état détaillé des recettes et des dépenses, qui consisterait à reprendre l'intégralité des comptes trimestriels déjà adressés aux copropriétaires, soit notifié. Un simple relevé général des comptes de l'exercice concerné suffit (▪ *Civ. 3°, 17 janv. 1996, RDI 1996, 270 obs. P. Capoulade*), mais il doit faire apparaître, au titre des créances, les sommes restant dues au syndicat par des tiers ainsi que celles qui lui restent dues par des copropriétaires, telles qu'elles résultent de la position de leur compte individuel (▪ *CA Versailles, 30 janv. 1992, Administrer mai 1992, 44).* La communication des documents comptables ne s'impose pas lorsque l'assemblée est appelée à se prononcer, non pas sur l'approbation des comptes, mais sur le quitus du syndic (▪ *CA Paris 7 oct. 1998 Loyers et copr. 1999 n° 44).* L'approbation d'un contrat par l'assemblée générale ne peut intervenir sans communication préalable de ses conditions essentielles (Pour un exemple de conditions essentielles des contrats des candidats aux fonctions de syndic ▪ *Civ. 3°, 17 déc. 1997, RDI 1998, 132 obs. P. Capoulade* ; ou au renouvellement de ces fonctions ▪ *Civ. 3°, 18 déc. 1996 Bull. civ. III n° 241.* Il a toutefois été jugé que la question de la désignation du syndic étant distincte de celle de l'approbation de son contrat, le renouvellement de son mandat est valable, même en l'absence de notification des conditions essentielles de son contrat ▪ *CA Paris 13 sept. 2001, Administrer avr. 2002 51 obs. Alfandari*). Les décisions d'assemblée inhérentes à des travaux ne peuvent quant à elles être prises sans qu'il y ait eu d'information sur leurs caractéristiques et leur coût (pour un exemple de documents à notifier en vue de l'implantation d'un ascenseur, voir ▪ *Civ. 3°, 26 juin 2002, Administrer janv. 2003, 53 obs. Alfandari*).

Tout devis doit être communiqué en même temps que la convocation pour l'assemblée au cours de laquelle les travaux ont été votés, sans que l'on puisse se contenter d'une référence aux devis actualisés présentés lors d'une précédente assemblée (▪ *Civ. 3°, 22 mars 2000, RDI 2000 239 obs. P. Capoulade* ; dans le même sens, rappelant que les assemblées générales étant autonomes les unes par rapport aux autres, le compte-rendu de l'une ne saurait remplir les conditions inhérentes à l'information des copropriétaires ▪ *CA Paris, 10 mai 1995, D 1998 somm. 270 obs. C. Giverdon)*. L'absence de notification des projets de modification ou de création des actes relatifs à l'établissement de la copropriété ainsi qu'à la répartition des charges est également source de nullité (ex. ▪ *Civ. 3°, 20 oct ; 1981, Administrer avr. 1982 37 obs. Guillot* ; dans l'hypothèse d'une scission de copropriété ▪ *Civ. 3°, 24 sept. 2003, Loyers et copr. 2004 n° 21 obs. Vigneron* ; dans le cas d'une demande de retrait de la copropriété ▪ *Civ. 3°, 29 janv. 1997, Bull. civ. III n° 26*). Le contenu des projets de résolutions dont la communication préalable est imposée par la loi relève également d'une interprétation souveraine des juges du fond (ainsi, à propos du libellé de la question de l'ouverture d'un compte bancaire ou postal séparé ▪ *CA Paris, 17 déc. 1998, Loyers et copr. 1999 p. 120 obs. Vigneron.* On rappellera ici que faute pour le syndic de soumettre au vote de l'assemblée la question de l'ouverture d'un compte séparé, son mandat est nul de plein droit - L. 1965 art. 18- mais si la question a été inscrite à l'ordre du jour et que l'assemblée a décidé de ne pas ouvrir de compte séparé, cette sanction n'a pas lieu de s'appliquer ▪ *CA Versailles 20 oct. 1990, Administrer janv. 1991 72).*

L'adoption d'une délibération non portée à l'ordre du jour (D. 1967 art. 13 ▪ *Civ. 3°, 14 févr. 1984, Gaz. Pal. 1984, 2, pan., p. 215* ▪ *Civ. 3°, 14 janv. 1998, Bull. civ. III n° 8, AJDI 1998, p. 1070* -exception doit être faite des décisions prises sans fraude en raison de circonstances imprévues tel le départ inopiné du syndic en cours de séance qu'il fallait remplacer ▪ *Civ. 3°, 18 mai 1971, AJPI 1972 p. 28*) est également de nature à justifier une action en nullité. Mais l'omission par une assemblée de statuer sur une question inscrite à l'ordre du jour n'est pas de nature à entraîner la nullité de l'assemblée (▪ *Civ. 3°, 19 nov. 1997, Bull. civ. III n° 207)*, à moins d'un lien entre les résolutions votées et la question omise (Rép. min. JO Sénat Q, 3 sept. 1992 p. 2021 ▪ *CA Paris 2 oct. 1996, RDI 1997, 129 obs. C. Giverdon).*

L'absence d'inscription par le syndic de questions complémentaires à l'ordre du jour qui lui ont été adressées par un ou plusieurs coproprétaires ou le conseil syndical (D. 1967 art. 10), n'entraîne pas la nullité des délibérations qui n'ont par de rapport avec elles, mais peut donner lieu à la mise en cause de la responsabilité du syndic (CA Paris, 7 oct. 1994, Loyers et copr. 1995 n° 133 ; Civ. 3, 12 juin 2002, Administrer oct. 2002 32 obs. Bouyeure).

b) Non respect des règles de tenue de l'assemblée

Le non respect d'une disposition d'ordre public relative à la tenue de l'assemblée générale sera sanctionné par l'annulation de la décision adoptée sans que le copropriétaire demandeur ait à justifier d'un grief particulier *(▪ Civ. 3°, 22 févr. 1989, D. 1989, IR p. 87)*. Il en ira ainsi des décisions prises par une assemblée irrégulièrement composée (▪ *Civ. 3°, 11 févr. 1975, JCP G 1975, II, n° 18013, note Guillot)*, telle celle à laquelle un copropriétaire a été représenté par une personne non qualifiée (pouvoirs irréguliers ▪ *CA Paris 3 juin 1994, Rev. Loyers 1994 450* ▪ *CA Aix en Provence, 9 mars 2000, D 2000 somm. 214 obs. C. Atias),* comme le syndic (Rép. min. n° 8974 : JOAN Q 17 févr. 2003 p. 1231. Irrégularité du mandat en blanc remis au syndic ▪ *CA Paris 11 juill. 1985, D 1986 IR 82* ▪ *CA Paris 27 avr. 1988, D 1988 IR 156*) ou une personne ayant accepté plus de trois pouvoirs. Sont également susceptibles d'être annulées pour vice de forme les décisions prises par une assemblée tenue sous la présidence du syndic *(▪ CA Paris 6 fév. 1969, Gaz. Pal. 1969 somm. 12 août ▪ CA Aix en Provence 12 mars 1998, Rép. Def ; 1998 1175 obs. C. Atias*) ou de son préposé (▪ *CA Paris 10 mars 1988, JCP N 1989 II 212)* ou d'un administrateur provisoire désigné par ordonnance *(▪ Civ. 3°, 14 janv. 1998, Bull. civ. III n° 7, Loyers et copr. 1998 n° 76)*, les délibérations prises en violation des normes de décompte des voix (▪ *Civ. 3°, 22 févr. 1989, D. 1989, IR p. 87, Loyers et copr. 1989, n° 199, JCP G 1989, IV, p. 150)* ou celle des règles de majorité légale *(▪ CA Bordeaux, 26 nov. 1984, Cah. jurispr. Aquitaine 1985, p. 307*). On notera toutefois qu'il a été jugé que l'erreur relative à la majorité applicable est sans incidence, dès lors que la majorité requise a été effectivement atteinte (▪ *CA Paris, 27 oct. 1999, Rev. Administrer 2000, n° 322, p. 54).*

L'assemblée générale devant se prononcer par des votes différents sur chacun des points à l'ordre du jour, la résolution prévoyant à la fois la désignation du syndic, la fixation de ses honoraires de gestion, l'accord du syndicat pour ne pas ouvrir de compte séparé et l'acceptation du contrat de syndic, doit être intégralement annulée

(▪ *Civ. 3°, 11 mars 1988, Bull. civ. III, n° 59* ▪ *CA Paris 16 déc. 1999, Loyers et copr. 2000 n° 98 ; contra pour un vote unique au motif que les questions en cause relevaient de la même majorité* ▪ *CA Paris 29 juin 2000, Loyers et copr. 2001 n° 41 obs. Vigneron* ▪ *CA Paris 8 juin 2000, D. 2001 somm. 349 obs. C. Atias*).

L'absence de tenue d'une feuille de présence est également un motif d'annulation d'une décision d'assemblée (▪ *CA Paris 21 nov. 1980, D 1981 IR 400 obs. Giverdon* ▪ *CA Paris 8 avr. 1999, AJDI 1999 718.* Nullité des délibérations d'assemblée en l'absence d'indication au procès-verbal des noms des copropriétaires opposants ou de ceux qui se sont abstenus ▪ *CA Paris, 30 nov. 1983, D 1984 IR 408 obs. Giverdon* ▪ *CA Paris 12 sept. 2001, Loyers et copr. 2002 n° 97* ; Rép. min. n° 8413 JOAN Q 24 févr. 2003, p. 1420. Les motifs d'opposition n'ont pas à être mentionnés : CA Paris 5 mars 1985 RDI 1985 189). Mais la signature de la feuille de présence par un copropriétaire après la tenue de l'assemblée n'est pas cause de nullité dès lors qu'il n'y a aucune volonté de fraude (▪ *TGI Grasse, 12 juin 1997, Administrer déc. 1997 52 obs. Bouyeure*). De la même manière, on ne saurait admettre que l'erreur matérielle consistant à porter absent un copropriétaire, alors qu'il était présent et que son vote et ses voix ont été normalement décomptés, soit source de nullité (▪ *CA Aix en Provence 7 avr. 1998 : Rép. Def. 1998 1176 obs. C. Atias*, la feuille de présence étant traditionnellement considérée comme régulièrement tenue dès lors qu'elle contient des éléments suffisants pour identifier les copropriétaires qui ont assisté à l'assemblée générale ou qui y ont été représentés ▪ *Civ. 3°, 7 déc. 1971, Bull. civ. III n° 601).*

c) Absence de mandat valable du syndic

La décision prise par une assemblée convoquée par un syndic dont les pouvoirs sont expirés (▪ *Civ. 3°, 26 mars 1997, D 1997 somm. 329*), ou dont le mandat est nul faute d'avoir fait statuer sur l'ouverture d'un compte séparé *(▪ CA Paris, 28 janvier 1994, Loyers et copr. 1994 n° 312)*, est entachée de nullité. Mais la cour de cassation retient que l'assemblée convoquée par un syndic irrégulièrement désigné ou dont le mandat n'a pas été régulièrement reconduit, n'est pas nulle de plein droit, elle est simplement annulable *(▪ Civ 3°, 3 mars 2004, JCP const. urb. 2004 n° 82 p. 17 ; 10 déc. 2003, JCP constr. urb. 2004 comm. n° 31 obs. Sizaire ▪ 6 févr. 2002, JCP constr. urb. 2002 comm. n° 172 obs. Sizaire ▪ 7 juill. 1999 Bull. civ. III n° 163*). Les assemblées générales convoquées par un syndic dépourvu de pouvoir ne sont donc pas annulables « en cascade ». Selon la formule de Monsieur Vigneron, « il n'y a pas de nullité en cascade, mais seulement des nullités « latentes » qui supposent une action en nullité effective (obs. sous ▪ *Civ. 3°, 6oct. 2004, Loyers et copr. 2004 n° 209* : les décisions adoptées par une assemblée convoquée par un syndic sans pouvoir ne peuvent être contestées que dans le délai de deux mois prescrit par l'article 42 alinéa 2 ; à défaut, elles deviennent définitives même si le mandat du syndic a été annulé). La cour de cassation admet également que la décision judiciaire portant annulation de décision d'assemblée générale ayant voté le renouvellement du mandat du syndic est un motif de nullité de l'assemblée générale convoquée par celui-ci. Cette solution s'impose alors même que le jugement appelé à statuer sur la décision inhérente à son renouvellement n'avait pas encore été rendu au jour de cette convocation (▪ *Civ. 3°, 7 avril 2004, JCP II 10127* : l'annulation de la désignation du syndic de copropriété peut conduire à la nullité des actes antérieurement accomplis par lui. Déjà en ce sens ▪ *Civ. 3°, 3 oct. 2001, Bull. civ. III n° 112*).

2. Motifs de fond

Certaines décisions peuvent être contraires, en raison de leur portée, aux principes posés par la loi du 10 juillet 1965. En effet, les prérogatives de l'assemblée sont circonscrites à la conservation de l'immeuble et à l'administration des parties communes (L. 1965 art. 14). Aussi, tout dépassement de ces pouvoirs peut générer une action en nullité des décisions adoptées. Il en ira ainsi d'une décision d'assemblée qui aura voté le principe de la surélévation de l'immeuble collectif sans l'accord de tous les copropriétaires de l'étage à surélever, et, plus généralement, de toute résolution portant atteinte aux droits des copropriétaires sur leurs parties privatives ou modifiant leurs droits de jouissance des parties communes (seule l'unanimité peut permettre l'adoption de telles décisions ▪ *Civ. 3°, 31 janv. 1984, D. 1984, IR p. 184*). De la même façon, le syndicat devant réunir une assemblée au moins une fois par an (D. 1967 art . 7), une assemblée qui déciderait de supprimer cette périodicité, serait frappée de nullité (▪ *Civ. 3°, 25 mai 1976, D. 1976 IR p. 252)*.

3. Fraude et abus de majorité

Les décisions régulières en apparence quant à la forme et quant au fond peuvent être dictées par une volonté de fraude et être le résultat de manœuvres tendant à obtenir un vote contraire aux intérêts de l'ensemble des copropriétaires. De telles décisions adoptées dans un but frauduleux ou résultant d'un abus de majorité négligent l'intérêt commun au profit de certains intérêts particuliers et sont, à ce titre, annulables (▪ *CA Paris, B, 20 janv. 1988, D. 1988, jp. p. 493, note C. Atias et* ▪ *CA Paris, 21 déc. 1989, Loyers et copr. 1990, n°148* : refus d'accorder une autorisation sans raison valable ▪ *CA Paris, 10 févr. 2000, Loyers et copr. 2000, n° 173* : choix d'un système de fermeture de l'immeuble qui privilégie la sécurité d'une partie seulement des membres du syndicat ▪ *Civ. 3°, 17 avr. 1991, RDI 1991, p. 383).* La preuve de la fraude ou de l'abus de droit, qui doit être rapportée par le demandeur, ne sera pas toujours évidente à faire, d'autant plus qu'il y a assez souvent coïncidence entre les intérêts individuels de certains copropriétaires et l'intérêt collectif de la copropriété.

Tout comme en matière de droit des sociétés, l'abus de minorité a également été retenu à propos d'un vote minoritaire empêchant systématiquement la prise d'une décision (▪ *TGI Paris, 1er mars 1974, Administrer juin 1975 p. 10).*

La seule question de l'opportunité d'une décision d'assemblée ne saurait justifier un recours en annulation de celle-ci (▪ *CA Paris, 27 janv. 1999, RDI 1999, p. 200).*

Section 2. Les effets de la contestation

La contestation d'une décision d'assemblée générale produit des effets variables suivant qu'elle est ou non accueillie par les juges.

§ 1. Accueil de la demande en nullité

Tant que la nullité d'une délibération d'assemblée générale n'a pas été prononcée en justice, elle reste en vigueur et s'impose aux membres du syndicat ainsi qu'au syndic (▪ *Civ. 3°, 3 juill. 1979, D 1980 IR p. 97* ▪ *Civ. 3, 30 mars 1989, Bull. civ. III n° 78* ▪ *CA Paris 26 sept. 1996, Loyers et copr. 1996 n° 491).* En effet, l'introduction d'une action en nullité des délibérations de l'assemblée générale n'a aucun effet suspensif (▪ *Civ. 3°, 3 oct. 1991, Loyers et copr. 1991, n° 481* ▪ *Civ. 3°, 28 janv. 2003, Loyers et copr. 2003, n° 138* ▪ *CA Paris, 20 déc. 2001, AJDI 2002, p. 612).* Il n'y a donc pas lieu d'attendre l'expiration du délai de recours en nullité pour l'exécuter (▪ *CA Toulouse, 16 juin 2003, Loyers et copr. 2003, n° 224).* Il faut toutefois réserver ici le cas des travaux visés aux articles 25 et 26 de la loi du 10 juillet 1965. On rappellera qu'en effet, le délai de deux mois revêt un aspect particulier à propos des travaux décidés en vertu des articles 25 et 26 de la loi du 10 juillet 1965 qui, en l'absence d'urgence, ne peuvent être immédiatement exécutés. L'exécution des travaux à l'initiative du syndic avant l'expiration du délai est de nature à engager sa responsabilité contractuelle envers le syndicat (▪ *Civ. 3°, 17 juin 1997, RDI 1997 p. 624*).

Les décisions d'assemblée n'étant pas nulles (à la différence de certaines clauses du règlement de copropriété), mais seulement annulables, les copropriétaires ne peuvent régulariser la situation qui résulte de cette décision tant qu'elle n'a pas été annulée en justice. C'est ainsi qu'ils ne pourront obtenir la désignation d'un administrateur provisoire tant que la nomination du syndic, annulable, n'aura pas été annulée (▪ *Civ. 3°, 28 mai 2002 n° 897 F-D pourvoi n° M 01-01.992 ; V. Civ. 3°, 3 oct. 2001 Bull. civ. III n° 112*).

Lorsque l'action en nullité est accueillie, la portée de l'annulation tout comme les pouvoirs du tribunal sont strictement circonscrits.

A. La portée de l'annulation

Une foi l'annulation acquise, elle l'est à l'égard de tous les copropriétaires, qu'ils aient ou non accepté la résolution concernée (elle est opposable à tous les copropriétaires et tous peuvent s'en prévaloir ▪ *Civ. 3°, 12 déc. 2001, AJDI 2002, p. 532*). Pour cette raison, il est admis qu'un copropriétaire intéressé au maintien d'une décision d'assemblée puisse intervenir dans l'instance engagée en vue d'en obtenir la nullité (▪ *TGI Paris, 28 nov. 1974, AJPI 1975 p. 491*), sa tierce opposition est également concevable, s'il n'a pas été mis en cause, dès lors que la décision concernée est pour lui créatrice de droit (▪ *CA Paris 10 nov. 2003, Rép. Def. 2004 n° 65 p. 1171)*.

Mais l'annulation ne concerne que la décision ayant fait l'objet de l'action en nullité et non l'ensemble des décisions prises en assemblée, sauf si le grief s'applique à l'ensemble de la réunion (qui, par exemple, a été irrégulièrement convoquée ▪ *CA Paris 17 déc. 1981, D 1982 IR p. 442)*. Ainsi, l'annulation d'une délibération pour défaut de qualité du syndic n'exonère pas les copropriétaires de l'obligation de payer les charges par ailleurs décidées (▪ *Civ. 3°, 12 déc. 2001, Bull. civ. III n° 151,*

Rev. loyers 2002, p. 102, note L. Guégan ▪ *Civ. 3°, 16 mai 2002, AJDI 2002, p. 611).*

Quelles sont les personnes concernées par cette annulation ? On sait que les copropriétaires, et les personnes assimilées, ont seuls qualité pour agir en nullité des décisions d'assemblée. Mais les effets de l'annulation qui peut découler de ces actions ne se produisent-ils qu'à l'égard des copropriétaires ? Une réponse négative doit être apportée à cette question. L'annulation de la décision à une portée générale en ce sens qu'elle s'impose à toutes personnes et pas seulement aux copropriétaires (ainsi toute personne peut se prévaloir du défaut de qualité du syndic, après annulation de la décision qui l'a nommé, notamment dans le cadre de l'exécution d'un contrat ou d'une action en justice ▪ *Civ. 2, 13 juill. 2000 Bull. civ. III n° 125*). La théorie de l'apparence pourrait seule contrarier la portée d'une telle décision, mais elle ne saurait jouer en faveur du syndicat de copropriété ni du syndic luimême.

L'annulation d'une ou de plusieurs décisions d'une assemblée générale doit conduire à la convocation d'une nouvelle assemblée qui pourra statuer à nouveau sur les mêmes résolutions, dans le même sens ou dans un sens différent (▪ *Civ. 3°, 30 avr. 1974, Bull. civ. III n° 177 ; 20 déc. 2000, AJDI 2001, p. 526).*

L'autorité de la chose jugée n'ayant lieu qu'à l'égard de ce qui a fait l'objet du jugement, la décision judiciaire afférente à une demande en annulation d'une assemblée générale est sans effet sur l'action en nullité d'une assemblée générale postérieure *(▪ Civ. 3°, 2 févr. 1994, Bull. civ. III n° 14),* même si le motif invoqué est le même.

B. Les pouvoirs du tribunal

Sous réserve de l'hypothèse particulière de la contestation d'une résolution intéressant la répartition les charges de copropriété, le juge qui prononce l'annulation d'une décision d'assemblée de copropriété ne peut en tirer toutes les conséquences.

1. Les suites pouvant être données au prononcé de la nullité

Le tribunal qui prononce la nullité d'une décision d'assemblée voit ses pouvoirs limités. Il ne peut en effet se substituer à l'organe délibérant pour imposer une autre décision en remplacement de celle annulée. Ainsi, il ne peut ordonner le remboursement de charges irrégulièrement réparties (▪ *Civ. 3°, 10 févr. 1988, Administrer 1988, n° 195 p. 39* ▪ *Civ. 3°, 6 oct. 1999 RDI 2000 n° 92 obs. C. Giverdon)* ni la démolition de constructions autorisées par la décision annulée (▪ *Civ. 20 mars 1979, Gaz. Pal. Pan. p. 325).*

Mais il peut, sans que cela constitue une immixtion injustifiée dans l'administration de l'immeuble, ordonner l'affichage de son jugement dans l'immeuble collectif (▪ *TGI Lyon, 2 févr. 1973 Gaz. Pal. 1972, II, 730).*

Il a également été jugé que lorsque l'annulation d'une décision porte atteinte aux intérêts d'un copropriétaire, le juge a le pouvoir d'ordonner des mesures propres à lui permettre l'exercice de ses droits (▪ *Civ. 3°, 4 juill. 1990, D. 1991, jur., p. 523, note C. Atias*). Le juge peut, en outre, accorder des dommages intérêts au copropriétaire demandeur en annulation dès lors que la résolution contestée lui a causé un préjudice dont il demande réparation (▪ *TGI Seine, 7 janv. 1965, Gaz. Pal. 1965, 1, jur., p. 175).*

2. Cas particulier de la contestation d'une résolution intéressant la répartition des charges

L'avant dernier alinéa de l'article 42 de la loi du 10 juillet 1965 prévoit qu'en cas de contestation justifiée d'une résolution portant modification de la base de répartition des charges ou décidant de la réalisation de travaux d'amélioration, le tribunal de grande instance a la faculté de tirer toutes les conséquences de sa décision en procédant lui-même à une nouvelle répartition (il en va de même en ce qui concerne la constatation du caractère illicite d'une clause inhérente à la répartition des charges : Loi 1965 art. 43 alinéa 2). Ce pouvoir particulier reconnu aux juges permet d'éviter la paralysie de la copropriété.

Cette nouvelle répartition judiciaire des charges n'a d'effet que pour l'avenir et prend date à compter du jour de la décision judiciaire qui l'a ordonnée (▪ *Civ. 3°, 20 oct. 1981 Bull. civ. III n° 163* ▪ *Civ. 3°, 11 juill. 2001 AJDI 2001 805 obs. P. Capoulade* ▪ *CA Paris 12 juin 2003, AJDI 2003 771*). Aussi, ceux qui ont payé les charges courantes de copropriété ne peuvent en demander la restitution en cas d'annulation de l'assemblée les ayant décidées (▪ *Civ. 3°, 12 déc. 2001, Bull. civ. III n° 151).*

§ 3. Rejet de l'action en nullité

Le rejet de l'action en nullité ne permet plus de solliciter l'annulation de l'assemblée générale par d'autres moyens en raison de l'autorité de la chose jugée. C'est ainsi qu'il a été jugé que les copropriétaires déboutés de leur action en nullité d'une assemblée générale dans son entier ne sauraient réclamer l'annulation de l'une des résolutions adoptée par l'assemblée précédemment mise en cause (▪ *CA Paris 16 déc. 2004, Loyers et copr. 2005 n° 74 obs. Vigneron).*

Par ailleurs, il a toujours été admis que si l'action en nullité n'est pas reconnue fondée, le juge pourra condamner le copropriétaire demandeur à verser des dommages-intérêts soit au syndicat lui-même (▪ *CA Riom, 3 mai 1967, AJPI 1967, p. 600, note Cabanac)*, soit au syndic (▪ *TGI Paris, 19 juin 1969, Inf. rap. copr. 1970, p. 62*). Mais le tribunal peut désormais aller plus loin. En effet, l'article 42 de la loi du 10 juillet 1965, complété par la loi du 21 juillet 1994 relative à l'habitat, prévoit, afin de lutter contre les recours abusifs ou dilatoires, que « le montant de l'amende civile dont est redevable, en application de l'article 32-1 du nouveau Code de procédure civile, celui qui agit en justice de manière dilatoire ou abusive est de 150 euros à 3 000 euros, lorsque cette action a, pour objet de contester une décision d'une assemblée générale concernant les travaux mentionnés au c) de l'article 26 », c'est-à-dire les travaux comportant transformation, addition ou amélioration (L. 1965, art. 4, alinéa 4).

Une telle condamnation à payer une amende civile peut ainsi être prononcée envers un plaideur s'obstinant à invoquer toujours le même moyen sans avoir qualité pour cela (▪ *Civ. 3°, 25 nov. 2003, AJDI 2004, p. 292).* Elle peut se doubler d'une condamnation à verser des dommages-intérêts prononcée à l'encontre du copropriétaire qui aura fait preuve d'un comportement procédural excédant l'exercice légitime du droit d'ester en justice pour avoir notamment voulu perturber le bon fonctionnement de la collectivité *(▪ Civ. 3°, 28 nov. 2001, Loyers et copr. 2002, n° 76 ; pour un abus de procédure ▪ Civ. 3°, 6 mars 2002, Loyers et copr. 2002, n° 160 ▪ CA Paris, 4 sept. 2003, AJDI 2004, p. 37).*

La contestation des décisions d'assemblée peut ainsi ne pas se résumer au prononcé ou à l'absence de prononcé de leur nullité.

Conclusion

L'abondance du contentieux de la copropriété, plus particulièrement en ce qui concerne le non respect des règles de convocation, de tenue, ou de majorité des assemblées de copropriétaires, montre combien de chemin il reste à parcourir avant que les copropriétaires et les organes qui les représentent, soient en mesure de faire fonctionner au mieux des intérêts nécessairement collectif de la copropriété, cet organe essentiel qu'est l'assemblée des copropriétaires.

Les assemblées de copropriétaires, tout comme les assemblées d'actionnaires, ont un pouvoir limité par la loi et sont soumises à des règles de fonctionnement très précises. Mais si le droit des sociétés évolue vers plus de liberté pour les assemblées, le droit de la copropriété n'a fait qu'étendre le nombre de dispositions impératives susceptibles de les concerner. Pourtant, une jurisprudence récente semble infléchir cette évolution en mettant entre parenthèse le caractère d'ordre public de certaines règles et les conséquences qui y sont attachées. Il a en effet été jugé que les copropriétaires, non convoqués à une assemblée générale, se voient appliquer le délai de l'article 42 de la loi de 1965 dès lors que le procès verbal d'assemblée leur aura été notifié *(• CA Aix en Provence, 30 nov. 2004, cité par C. Atias in* Bouleversements dans le droit de la copropriété immobilière, Rép. Def. 2005 p. 567). Une fois ce délai expiré, la décision s'en trouvera consolidée. Pourtant, le non respect des règles de convocation aux assemblées générales devrait déboucher sur l'inefficacité absolue des décisions qui en résultent. A défaut, le principe républicain de séparation des fonctions d'exécution et des fonctions décisionnelles, serait affaibli et une suspicion à l'égard de la mise en œuvre de ses pouvoirs par l'organe d'exécution pourrait naître Or, le syndic ne peut mener à bien sa mission s'il ne peut s'assurer de la confiance du plus grand nombre. On ne peut donc que militer pour une meilleure application des principes qui gouvernent la gestion des copropriétés.

Index

Q

R

S

T

U

Pour aller plus loin

ATIAS (C.), La Copropriété des immeubles bâtis, *Sirey*, 1989.

ATIAS (C.), La copropriétaire immobilière, *Connaissance du droit, Dalloz* 1995.

ATIAS (C.), L'exercice de l'action en contestation des décisions d'assemblées générales de copropriétaires, *D. 2000 n° 33*, p. 508.

BOUYEURE (J.-R.), La représentation à l'assemblée générale, *Gaz. Pal. n° 257 13 sept. 2000*, p. 21.

BOUYEURE (J.-R.), L'autonomie des assemblées générales, *Rev. Administrer févr. 2003*, p. 13.

BRANE (O.), Le guide de la copropriété, éd. First 2003

CABANAC , Les particularités des assemblées de copropriété sous le régime de la loi du 10 juillet 1965, *Gaz.Pal.* 1966, 1, 97.

CAPOULADE (P.), La copropriété dans la loi SRU, *Administrer 2001*, n° 332, p. 19.

GAUGLERE (B.) KURGANSKY (A.), PRONIER (D.), Mémento pratique Francis Lefebvre Gestion immobilière 2004-2005, *éd. Francis Lefebvre*,1999.

GELINET (J.- M.), Formalisme dans la tenue des assemblées générales de copropriété, *Rev. des Loyers 2000* n° 807.

GELINEY (J.-M.), Respect et sanctions du formalisme dans la tenue des assemblées de copropriété, *Rev. des Loyers n° 806 1 avr. 2000*, p. 186.

GILLOT (E.-J.), La pratique de la copropriété, *éd. Administrer, 3° éd.* 1992.

GIVORD (F) et GIVERDON (Cl.), La copropriété, *4ème éd., éd. Dalloz-Sirey.*

GIVORD (F.), GIVERDON (Cl.), CAPOULADE (P.), La copropriété, *4e éd., Dalloz,* 1992.

GUITTARD (P.), Les actions des copropriétaires, *Info. rap. coprop.*, 2001, n° 466, p. 15.

KISCHINEWSKY-BROQUISSE, La copropriété des immeubles bâtis, *Litec 4° éd.* 1989.

LAFOND (J.),STEMMER (B.), Code de la copropriété 2000 commenté et annoté, 1999.

LAFOND (J.), Copropriété, Les nouvelles règles (incidences de la loi SRU), *éd. Litec coll. Carré droit,* 2003.

LEBATTEUX (P.), Le nouvel article 49 de la loi du 10 juillet 1965 : la chose a plus étonnante, *Gaz. Pal.* 25-26 avr. 2003 n° 115/116 p. 3.

MAGNIN (F.), Les nouvelles règles de vote dans les assemblées générales de copropriétaires après la loi SRU, *Les Petites Affiches n° 45 2001* p. 6-7.

ROUQUET (Y.), Code de la copropriété 2004 commenté et annoté, *Dalloz* 2004.

VIGNERON (G.), La ronde des majorités aux assemblées générales, *Loyers et copr. 2004*, p. 20.

WEISMANN (M.), Copropriété : Statut, gestion, contentieux, *18e éd. Delmas, 2004.*

Table des matières

2

3

4

Questions juridiques à l'Harmattan

ADMINISTRATION, GOUVERNANCE ET DÉCISION PUBLIQUE
Sous la direction de Ali SEDJARI
L'administration n'en finit pas de soulever des questions et de susciter des interrogations à propos du rôle qu'elle est appelée à jouer dans le contexte des mutations actuelles et dans la gestion de la complexité des temps modernes. La gouvernance administrative ne peut s'associer au changement qu'en intervenant elle-même dans l'action créatrice du nouveau. La "bonne gouvernance administrative" serait alors l'art de mieux décider. Il y a donc un lien étroit entre la gouvernance administrative et la décision publique, objet de ce livre.
(39 €, 496 p) *ISBN 2-7475-6389-8*

LA BUREAUCRATIE LIBÉRALE
Nouvelle gestion publique et régulation organisationnelle
GIAUQUE David. Préface de Yves EMERY
Les réformes administratives au sein des pays de l'OCDE sont menées à un rythme toujours plus important. Cet ouvrage propose une réflexion approfondie sur les conséquences des mutations administratives engagées, souvent inspirées des principes et outils de la nouvelle gestion publique, sur la régulation organisationnelle des administrations publiques. Basés sur des enquêtes qualitatives menées auprès de services administratifs canadiens et suisses, les constats réalisés permettent d'identifier l'apparition d'un nouveau type de régulation organisationnelle nommé "bureaucratie libérale".
(Coll. Conception et dynamique des organisations - Série : Publi-Thèses, 27 €, 324 p)
ISBN 2-7475-5535-6

LA CADUCITÉ DES ACTES JURIDIQUES EN DROIT PRIVÉ FRANÇAIS
PELLETIER Caroline. Préface de Philippe JESTAZ
Bien qu'elle ne soit pas une notion juridique nouvelle, la caducité demeure floue et incertaine. Une étude globale s'impose donc aujourd'hui en droit privé français. Cette étude permet de mettre en exergue la dualité fonctionnelle de la caducité, qui peut résulter soit de la disparition d'un élément essentiel à l'exécution de l'acte juridique, soit de l'inaction d'une personne intéressée à l'acte. Toutefois, la caducité ne saurait être considérée comme une notion plurielle, elle s'affirme comme un mécanisme unitaire d'extinction des actes juridiques qui mérite de trouver une place à part entière dans notre système juridique.
(Coll. Logiques Juridiques, 45 €, 582 p) *ISBN 2-7475-6896-2*

LES COLLECTIVITÉS TERRITORIALES FACE AUX RISQUES PHYSIQUES
Sous la direction de Arnaud de LAJARTRE et Vincent GABORIAU
Les risques physiques, c'est-à-dire ceux dont l'origine est matérielle, sont certainement ceux que les collectivités territoriales gèrent le plus souvent. Des risques majeurs classiques (naturels, technologiques, transports) aux risques de la vie quotidienne (infrastructures de plein air, de sports, de voirie, cantine, eau potable, déchets, etc.),

voici une réflexion sur la prévention du risque, la réaction face au risque et sa sanction.
(Coll. Logiques Juridiques, 22 €, 262 p) *ISBN 2-7475-6839-3*

LA CONCURRENCE DÉLOYALE
LECOURT Arnaud
Cet ouvrage examine ainsi tout l'encadrement juridique de la concurrence déloyale, intégrant à la fois la jurisprudence la plus récente, y compris celle des bases de données informatiques, les développements les plus actuels sur les nombreux points d'achoppements que recouvre la matière ainsi que des décisions issues de différents droits étrangers. Il est une aide précieuse pour tout avocat, magistrat, universitaire ou simple commerçant désireux de comprendre les arcanes de cette matière et de défendre ses droits.
(Coll. La Justice au quotidien, 11 €, 96 p) *ISBN 2-7475-6358-8*

LE CONSEIL CONSTITUTIONNEL EN QUESTIONS
Sous la direction de Dominique ROUSSEAU
Le conseil constitutionnel est l'organisme gardien des droits fondamentaux. Mais sa composition et son fonctionnement sont contestés. Comment expliquer que des juges non élus, désignés par des détenteurs du pouvoir politique, puissent s'opposer au pouvoir législatif incarnant la nation souveraine ? Le Conseil constitutionnel n'est en outre pas une troisième chambre; il ne doit donc jamais guider la main du législateur. Il est pourtant souvent critiqué pour la témérité, voire l'impérialisme de certaines de ses décisions.
(Coll. Inter-National, 16 €, 176 p) *ISBN 2-7475-6947-0*

CONTRIBUTION À LA RÉFLEXION SUR LES DROITS
MINOW Martha, COVER Robert M.
Il est constamment fait appel, dans le discours juridique et politique contemporains, à la notion de droits en France, aux Etats-Unis et en beaucoup d'autres lieux. Pourquoi ? Comment faire sens de ces usages ? Quel rôle exact cette notion joue-t-elle dans le fonctionnement réel du droit positif et comment aide-t-elle à l'analyser ? Martha Minow et Robert M. Cover, dans les deux textes traduits dans cet ouvrage, invitent à reprendre la réflexion sur ces sujets.
(Coll. Logiques Juridiques, 11 €, 104 p) *ISBN 2-7475-6970-5*

LES CONTRATS ET LE SYSTÈME ÉDUCATIF
FIALAIRE Jacques. Préface de André LEGRAND
De nos jours, l'institution scolaire s'est muée en un "système éducatif". Cette multiplication des acteurs des politiques éducatives s'est accompagnée d'une large diffusion du procédé contractuel (contrats d'association dans le secteur privé, ou plus éphémère, les contrats emplois-jeunes). Cette étude envisage donc le droit positif applicable à ces contrats. Elle les met en perspective avec les objectifs des politiques éducatives qu'ils traduisent. Cet ouvrage constitue un apport général à la théorie générale des contrats.
(Coll. Logiques Juridiques, 26.50 €, 310 p) *ISBN 2-7475-5916-5*

Achevé d'imprimer par Corlet Numérique - 14110 Condé-sur-Noireau
N° d'Imprimeur : 28794 - Dépôt légal : janvier 2006 - *Imprimé en France*